Jo-Jo

Lesebuch 3

Arbeitsheft
Fördern

Erarbeitet von

Nicola Kiwitt

Martin Wörner

Jo-Jo

Lesebuch 3

Arbeitsheft

Fördern

Erarbeitet von	Nicola Kiwitt, Martin Wörner
Redaktion	Martina Schramm, Kaarst
Illustrationen	Lars Baus
Umschlagillustration	Barbara Jung
Gesamtgestaltung und technische Umsetzung	Heike Börner

Bild- und Textquellen

S. 6 Lobe, Mira: Deutsch ist schwer. Aus: Das Sprachbastelbuch. G & G Verlag, Wien 2005. **S. 8** Siege, Nasrin: Das Bauchweh (gekürzt). Aus: Hans-Joachim Gelberg (Hrsg.): Die Erde ist mein Haus. Beltz & Gelberg in der Verlagsgruppe Beltz, Weinheim und Basel 1988. **S. 14/15** Guggenmos, Josef: Was die Bäume sich vom Herbst wünschen (bearb.). Aus: Dagmar Binder (Hrsg.): Wenn die Blätter tanzen. Sauerländer Verlag, Düsseldorf 2007. **S. 18** Brückner, Erna: Der Streit (gekürzt). Aus: Eva-Maria Schmid (Hrsg.): Lernwerkstatt „Aus Korn wird Brot". BVK Buch Verlag Kempen, Kempen 2001. **S. 22** Moers, Walter: Käpt'n Blaubär, der Meister-Lügner (bearb.). Aus: Die 13 1/2 Leben des Käpt'n Blaubär. Goldmann Verlag, München 2002. Lizenz des Eichborn-Verlages, Frankfurt am Main; Abb. Käpt'n Blaubär © WDR/Walter Moers. **S. 24** Karnetzky, Eva: Weihnachtswünsche (bearb.). Aus: Spiel mit. Heft 12, Dezember 2009. Family media GmbH, Freiburg. **S. 26** Brinek, Günther: Den Winter vertreiben (bearb.). Aus: Tu was! Domino Verlag, München 1993. **S. 28** Drvenkar, Zoran: Eddies Geschichte (bearb.). Carlsen Verlag, Hamburg 2009. Alle Rechte beim Autor. **S. 32** Goscinny, René, und Jean-Jacques Sempé: Der kleine Nick und die Mädchen (gekürzt). Aus dem Französischen von Hans Georg Lenzen. Copyright der deutschsprachigen Ausgabe © 1976, 2006 Diogenes Verlag AG, Zürich. **S. 36** o. li. © imago stock&people; o. Mitte © Fotolia/Dozey 109863154; o. re. © Fotolia/Schmutzler-Schaub 116786521; Mitte li. © Fotolia/mdalla 6078034; Mitte © Avalon/juniors@wildlife; Mitte re. © mauritius images/Frank Hecker/Alamy; unten von li. nach re. © Fotolia/anathel 129183435; © Eduardo Rivero; © Fotolia/C@rsten 127330010; © mauritius images/imageBROKER/Jürgen & Christine Sohns; © mauritius images/Reinhard Dirscherl; © Fotolia/dieter76 100562839. **S. 38** o. li. © imago; Mitte © INTERFOTO/Danita Delimont/Rolf Nussbaumer; re. Fotolia/© silentforce; Blum, Lisa-Marie: Kleiner Fuchs (gekürzt). Aus: Das Tigerauge. Thienemann Verlag, Stuttgart 1991. **S. 39** o. © 2015 Christopher N. Smith; Mitte © mauritius images/imageBROKER/Christian Hütter; u. Fotolia/© wideworld. **S. 45** Schütze, Andrea: Die Zunge … (gekürzt). Aus: Schütze, Andrea: Warum klappern wir mit den Zähnen? Mit Illustrationen von Nina Hammerle. Ellermann im Dressler Verlag, Hamburg 2014. **S. 49** Naoura, Salah: Marko fragt seinen Freund (gekürzt). Aus: Naoura, Salah: Star. Beltz & Gelberg in der Verlagsgruppe Beltz, Weinheim und Basel 2013. **S. 50** Mai, Manfred: Alle haben eins (bearb.)! Aus: Mai, Manfred: Kunterbunte 1, 2, 3 Minutengeschichten. Ravensburger Buchverlag, Ravensburg 2006. **S. 52/53** Schott, Hanna: Früher gab es zwei Deutschlands … (Auszug) Aus: Schott, Hanna: Fritzi war dabei. Klett Kinderbuch, Leipzig 2009. **S. 54/55** Pope Osborne, Mary: Das magische Baumhaus (bearb.). Aus: Pope Osborne, Mary: Im Tal der Dinosaurier. Aus dem Amerikanischen von Sabine Rahn. Loewe Verlag, 2001. **S. 56/57** Waechter, Philip: Endlich wieder zelten (bearb.). Beltz & Gelberg in der Verlagsgruppe Beltz, Weinheim und Basel 2015. **S. 60** Abb. u. Text (bearb.) aus: Baltscheit, Martin, und Ulf K. (Illustration): Felline, Prof. Paul und der Chemiebaukasten. Tulipan Verlag, Berlin 2007. **S. 62** Abb. 1 und Text unten li. (gekürzt) aus: Pope Osborne, Mary: Im Tal der Dinosaurier. Mit Illustrationen von Jutta Knipping. Aus dem Amerikanischen von Sabine Rahn. Loewe Verlag, Bindlach 2001; Abb. 2 und Text o. re (gekürzt) aus: Feibel, Thomas, und Claas Janssen (Illustration): Smartphones, aber richtig. Ravensburger Buchverlag, Ravensburg 2014; Abb. 3 und Text u. re. (gekürzt) aus: Schütze, Andrea: Warum klappern wir mit den Zähnen? Mit Illustrationen von Nina Hammerle. Ellermann im Dressler Verlag, Hamburg 2014; Abb. 4 und Text o. li. (gekürzt) aus: Baisch, Milena: Anton taucht ab. Mit Vignetten von Elke Kusche. Beltz & Gelberg in der Verlagsgruppe Beltz, Weinheim und Basel 2016. **S. 63** Abb 1: Dahl, Roald: Charlie und die Schokoladenfabrik. Illustrationen von Quentin Blake. Rowohlt Verlag, Reinbek 2003; Abb. 2: Feibel, Thomas, und Claas Janssen (Illustration.): Smartphones, aber richtig. Ravensburger Buchverlag, Ravensburg 2014; Abb. 3: Pope Osborne, Mary: Im Tal der Dinosaurier. Mit Illustrationen von Jutta Knipping. Aus dem Amerikanischen von Sabine Rahn. Loewe Verlag, Bindlach 2001; Abb. 4: Baltscheit, Martin, und Wiebke Rauers (Illustration): Nur ein Tag. Dressler Verlag, Hamburg 2016; Abb. 5: Ludwig, Sabine: Die fabelhafte Mrs. Braitwhistle. Mit Illustrationen von Susanne Göhlich. Dressler Verlag, Hamburg 2001; Abb. 6: Schütze, Andrea: Warum klappern wir mit den Zähnen? Mit Illustrationen von Nina Hammerle. Ellermann im Dressler Verlag, Hamburg 2014; Abb. 7: Baisch, Milena: Anton taucht ab. Mit Vignetten von Elke Kusche. Beltz & Gelberg, Weinheim und Basel 2016; Abb. 8: Willie, Jeanne: Kopf hoch, Fledermaus. FISCHER Sauerländer, Frankfurt am Main 2008.

www.cornelsen.de

Aus didaktischen Gründen wurden Texte gekürzt/verändert.

1. Auflage, 5. Druck 2024

Alle Drucke dieser Auflage sind inhaltlich unverändert und können im Unterricht nebeneinander verwendet werden.

© 2017 Cornelsen Verlag GmbH, Berlin

Druck: Drukarnia Dimograf Sp. z o.o., Bielsko-Biała

ISBN: 978-3-06-080836-6

Inhalt

 Wahlaufgabe

Miteinander

(1) Wer fängt wen?
Folge den Linien zuerst mehrmals mit den Augen.
Zeichne dann mit verschiedenen Farben nach.

Mia   Tim   Diego   Aurora   Levi

Leo   Nina   Paul   Selina   Fine

(2) Wer hat wen in Aufgabe 1 gefangen? Schreibe auf.

Mia

(3) Lies die Wörter.
Schwinge die Silben. Zähle sie.

rennen	2	festhalten		fangen	
erwischen		Gruppen		gewonnen	
Reihe		hintereinander		versuchen	

Vorbereitend zu Jo-Jo-Lesebuch 3, Kapitel 1, Seite 7:
Blickschulung; Wörter lesen, Silben schwingen und zählen

Drachenjagen

1 Lies und setze die Wörter ein.

Tuch   Hosentasche   Drache

hintereinander   Kind   auseinanderreißen

Bildet zwei Gruppen. Stellt euch **hintereinander** auf

und haltet euch an den Hüften fest. Das letzte ⎯⎯⎯⎯⎯

in der Reihe ist der Drachenschwanz. Es steckt ein Tuch

in die ⎯⎯⎯⎯⎯⎯⎯⎯⎯⎯⎯. Nun versucht der Drachenkopf,

das ⎯⎯⎯⎯⎯ des anderen Drachens zu erwischen. Dabei darf

der Drache nicht ⎯⎯⎯⎯⎯⎯⎯⎯⎯⎯⎯⎯⎯! Gewonnen hat

der ⎯⎯⎯⎯⎯⎯, der das Tuch des anderen erwischt hat.

2 Schreibe die Wörter passend zum Bild.
Male den Drachen aus.

Drachenschwanz   Drachenkopf   Drachenaugen   Drachenmaul

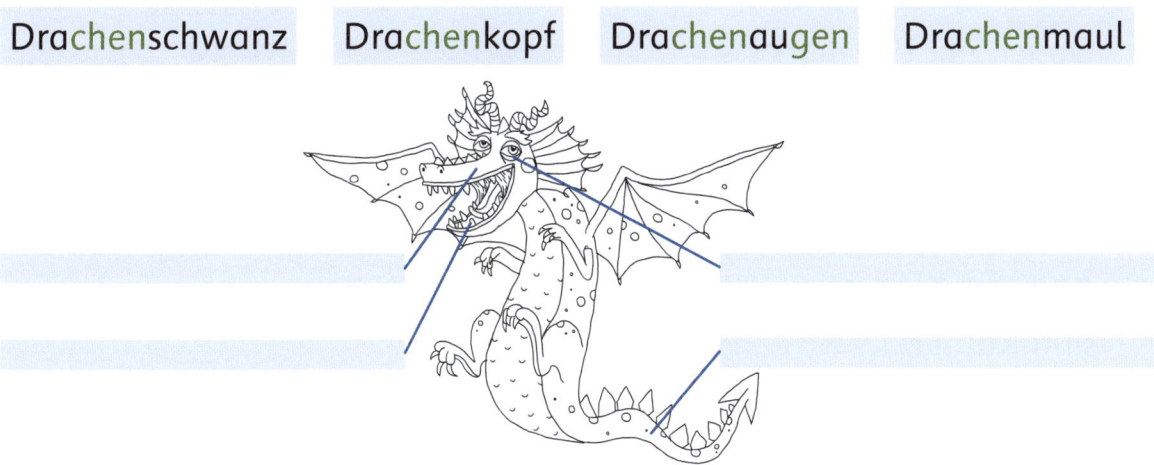

3 Lies genau. Kreise in jedem Wort die falsche Silbe ein.

Dra(ma)chenjagen   Drachenmaaugen   Drachenschwanzma
Drachentakopf   Dradrachenfüße   Drachenbabauch

Vorbereitend zu Jo-Jo-Lesebuch 3, Kapitel 1, Seite 7:
Lückentext ergänzen, Begriffe einer Zeichnung zuordnen, „Stolpersilben" finden

5

Echte und falsche Tiernamen

(1) Lies das Gedicht.

(2) Unterstreiche die drei Tiernamen rot, die es nicht gibt.

Deutsch ist schwer

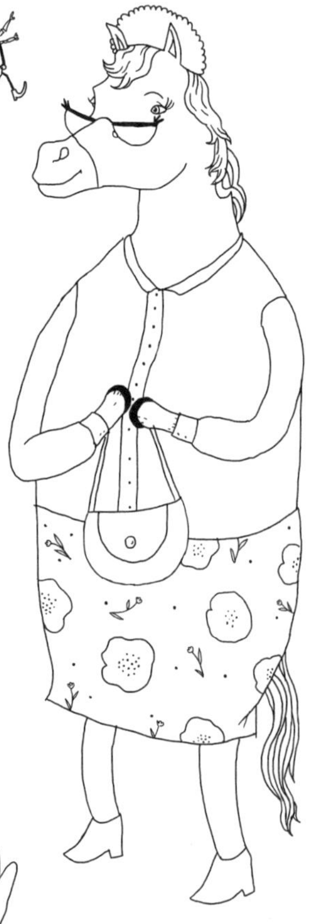

Deutsch ist schwer.
Das kann ich beweisen,
bitte sehr!
Herr Maus heißt zum Beispiel Mäuserich.
Herr Laus aber keineswegs Läuserich.
Herr Ziege heißt Bock,
aber Herr Fliege nicht Flock.
Frau Hahn heißt Henne,
aber Frau Schwan nicht Schwenne.
Frau Pferd heißt Stute,
Frau Truthahn Pute,
und vom Schwein die Frau
heißt Sau.
Und die Kleinen sind Ferkel.
Ob ich mir das merkel?
Und Herr Kuh ist gar ein doppeltes Tier,
heißt Ochs oder Stier,
und alle zusammen sind Rinder.
Aber die Kinder
sind Kälber!
Na, bitte sehr,
sagt doch selber:
Ist Deutsch nicht schwer?

Mira Lobe

(3) Male nur die Tiere aus,
die im Gedicht genannt werden.

Zu Jo-Jo-Lesebuch 3, Kapitel 1, Seite 12:
genau und sinnentnehmend lesen, Tiernamen und Fantasienamen unterscheiden,
zum Text passend malen

Tierfamilien

(1) Immer zwei Zeilen reimen sich.
Male sie mit der gleichen Farbe aus.

> Herr Maus heißt zum Beispiel Mäuserich.

> Frau Pferd heißt Stute,

> Frau Hahn heißt Henne,

> Frau Truthahn Pute,

> Herr Laus aber keineswegs Läuserich.

> aber Frau Schwan nicht Schwenne.

(2) Wer passt nicht zur Tierfamilie? Streiche durch.
Tipp: Immer zwei Wörter in jeder Zeile passen nicht.

Schweine: Sau ✦ Eber ✦ Pfau ✦ Ferkel ✦ Biber

Pferde: Esel ✦ Fohlen ✦ Stute ✦ Pute ✦ Hengst

Rinder: Stier ✦ Kamel ✦ Kalb ✦ Kuh ✦ Strauß

Hühner: Hahn ✦ Henne ✦ Hund ✦ Kalb ✦ Küken

(3) Lies das Gedicht auf Seite 6 nun mehrmals laut.
Danach kannst du es auch jemandem vorlesen.

(4) Kreuze an. Schreibe in die Lücken.

Ich habe das Gedicht _____ Mal allein gelesen.

Ich habe das Gedicht vorgelesen. Zuhörer: _____

So gut kann ich das Gedicht nun lesen: 🟢 🟡 🔴

Zu Jo-Jo-Lesebuch 3, Kapitel 1, Seite 12:
Gedichtzeilen einander zuordnen, Wörter genau lesen und inhaltlich nicht
passende Wörter streichen, das Lesen eines Gedichts üben, Selbsteinschätzung

7

Das Bauchweh

(1) Lies die Überschrift. Worum könnte es gehen?
Schreibe deine Vermutung auf.

(2) Hast du auch schon einmal Bauchweh gehabt?
Überlege. Schreibe auf.

(3) Lies den Text genau.

Das Bauchweh

Einmal hab ich Bauchweh gehabt. (…)
„Ich habe Bauchweh", habe ich zu meiner Mutter gesagt.
„Schreibst du eine Arbeit heute?", hat sie mich gefragt. (…)
„Ja, aber ich habe wirklich Bauchweh!", habe ich zu meiner
Mutter gesagt. Da hat sie mir eine Entschuldigung geschrieben.
Ich bin nicht zur Schule gegangen. Mutter hat gesagt, dass ich
zu Hause bleiben soll, und sie hat mir eine Suppe gemacht und
mit mir geübt.
Als ich am nächsten Morgen zur Schule gegangen bin, hab ich
kein Bauchweh mehr gehabt. Der Lehrer war auch krank gewesen.
Dann hat er die Arbeit mit uns allen nachgeschrieben und
ich habe nur wenige Fehler gemacht. Seitdem habe ich
kein Bauchweh mehr vor einer Arbeit.

Nasrin Siege

Zu Jo-Jo-Lesebuch 3, Kapitel 1, Seite 13
Vermutungen zu einer Überschrift anstellen, eigene Erfahrungen notieren,
einen Textauszug genau lesen

Was stimmt? / Rezepte gegen Bauchweh

(1) Lies nochmals den Text auf Seite 8.
Kreuze an, was stimmt. Notiere das Lösungswort.

- ☐ B Das Kind will nicht zur Schule, weil es keine Lust hat.
- ☐ S Das Kind hat Bauchweh, weil es Angst vor der Arbeit hat.
- ☐ E Die Mutter hat das Kind in die Schule geschickt.
- ☐ L Die Mutter hat mit dem Kind zu Hause Fernsehen geguckt.
- ☐ U Das Kind hat mit der Mutter geübt.
- ☐ P Die Klassenarbeit ist ausgefallen, weil der Lehrer krank ist.
- ☐ A Das Kind muss die Arbeit allein nachschreiben.
- ☐ F Das Kind hat viele Fehler in der Arbeit gemacht.
- ☐ P Das Kind hat wenige Fehler in der Arbeit gemacht.
- ☐ E Das Kind hat am Schluss kein Bauchweh mehr vor einer Arbeit.

Lösungswort: ＿＿ ＿＿ ＿＿ ＿＿ ＿＿

(2) Verbinde passend.

Rezepte gegen Bauchweh

Ein bisschen mit Mama oder Papa	bekommen
Eine Geschichte vorgelesen	kuscheln
Ein großes Eis	fernsehen
Ein bisschen	toben
Draußen mit Freunden	essen

(3) Welches Rezept gegen Bauchweh fällt dir ein? Schreibe es auf.

Zu Jo-Jo-Lesebuch 3, Kapitel 1, Seite 13:
zutreffende Aussagen zu einem Text ankreuzen, Satzhälften sinnvoll verbinden,
eine eigene Idee formulieren

9

Herbstwind

1 Folge den Linien zuerst nur mit den Augen.
Ziehe sie dann mit verschiedenen Farben nach.
Ein Bild fehlt. Male es in den Rahmen.

Herbstwind

Sonnenschein

Regen

Wolkenmeer

stürmischer Wind

2 Was bedeuten diese Sätze? Kreuze an.

1. Der Wanderer hat sich dick vermummt.

☐ Er hat sich warm angezogen. (S)   ☐ Er hat fast nichts an. (L)

2. Er hat sich gut vorgesehen.

☐ Er hat gut gegessen. (E)   ☐ Er hat gut vorgesorgt. (O)

3. Der Wind bläht sich wie ein Ballon.

☐ Der Wind pustet stark. (N)   ☐ Der Wind ist ganz sanft. (L)

4. Ziegel krachen von den Dächern.

☐ Eine Ziege meckert. (B)   ☐ Dachplatten fallen herab. (N)

5. Boote kentern.

☐ Boote kippen um. (E)   ☐ Boote schaukeln leicht. (F)

3 Schreibe die Buchstaben von den richtigen Sätzen auf.

Lösungswort: ____ ____ ____ ____ ____
　　　　　　　　　1　　2　　3　　4　　5

Sätze besser lesen

(1) Lies die Sätze. Zeichne Silbenbögen ein.

Herbst ist es.

Mal scheint die Sonne. Mal regnet es.

Mal bläst ein kalter Wind.

Das Wetter ist wechselhaft.

Der Wanderer ist dick angezogen.

Der Wind pfeift, faucht und stürmt.

Er schiebt die Wolken vor die Sonne.

Boote kentern, Bäume stürzen um,

Ziegel krachen von den Dächern.

Dem Wanderer wird es im Mantel zu heiß.

nach La Fontaine

(2) Lies im **Jo-Jo-Lesebuch** mehrmals die Seite 23.

(3) So bewirkt Milde oft mehr als rohe Gewalt.

Welche drei Sätze dazu sind richtig? Kreuze an.

☐ „Mild" bedeutet hier nachsichtig und sanftmütig.

☐ Gewalt kann viel Schönes bewirken.

☐ Rohes Essen wirkt besser als gekochtes Essen.

☐ Man erreicht oft mehr, wenn man auf sanfte Art
mit anderen umgeht.

☐ Nach und nach kommt man auf sanfte Art auch zum Ziel.

(4) Vergleiche deine Lösungen auf dieser Seite mit einem Partnerkind.

Zu Jo-Jo-Lesebuch 3, Kapitel 2, Seite 23:
Silbenbögen in einen Text einzeichnen und Text mehrmals lesen,
eine Aussage verstehen und passende Sätze dazu ankreuzen

11

Geisterwörter

1 Lies die Wörter und verbinde.

Luftballon

Mütze

Schneebesen

Gesicht

Gespenst

Löffel

Reibe

Schüssel

Nebel

Taschenlampe

2 Lies die Wörter einem Kind vor.

Dämmerung   Spätherbst    Geistergesicht

 Bettlaken   Geräuschmacher   Gänsehaut

gigagruselig   unheimlich   Gespensterauf tritt

3 Schreibe die Wörter aus Aufgabe 2 auf.
Zeichne Silbenbögen ein.

Dämmerung,

Zu Jo-Jo-Lesebuch 3, Kapitel 2, Seite 24:
Wörter lesen und mit Illustrationselementen verbinden, Wörter in ungewöhnlichen
Gestaltungen lesen und mit Silbenbögen aufschreiben

Immer schneller lesen

(1) Decke mit einem Blatt ab. Lies Zeile für Zeile.
Tipp: Gehe eine Zeile zurück, wenn du dich verlesen hast.

In der Dämmerung

In der Dämmerung lässt es sich

In der Dämmerung lässt es sich im Spätherbst

In der Dämmerung lässt es sich im Spätherbst herrlich spuken.

Ein schlurfender

Ein schlurfender und gruseliger

Ein schlurfender und gruseliger Gang kann gut

Ein schlurfender und gruseliger Gang kann gut trainiert werden.

Du solltest auch

Du solltest auch ein schauerliches

Du solltest auch ein schauerliches Hu-Hu und

Du solltest auch ein schauerliches Hu-Hu und andere Geräusche machen.

Eine Schüssel

Eine Schüssel mit warmem Wasser

Eine Schüssel mit warmem Wasser erzeugt

Eine Schüssel mit warmem Wasser erzeugt künstlichen Nebel.

(2) Lies nun mehrmals im **Jo-Jo-Lesebuch** die Seite 24.

(3) Kreuze an. Schreibe in die Lücken.

☐	Ich habe den Lesebuchtext _____ Mal allein gelesen.
☐	Ich habe den Lesebuchtext vorgelesen. Zuhörer: _____

So gut kann ich den Text nun lesen: ☐ 🟢 ☐ 🟠 ☐ 🔴

Zu Jo-Jo-Lesebuch 3, Kapitel 2, Seite 24:
Sätze aufbauend erlesen und ihren Sinn erfassen, wiederholtes Lesen, Selbsteinschätzung

13

Was die Bäume sich vom Herbst wünschen

(1) Lies den Text laut.

Erzähler:	Die Bäume sprechen mit dem Herbst.
Eiche:	Der Frühling hat uns allen grüne Kleider gegeben!
Birnbaum:	Und schneeweiße Blüten!
Alle Bäume:	Der Sommer hat uns Früchte gegeben!
Erzähler:	Die Bäume lobten den Frühling und den Sommer.
Alle Bäume:	Und du, Herbst, du nimmst uns die Früchte! Und was gibst du uns dafür?
Herbst:	Ich habe nichts mitgebracht. Ich kann euch nichts geben. Ihr habt doch eure grünen Kleider noch!
Alle Bäume:	Ach, unsere grünen Kleider!
Eiche:	Die können wir nicht mehr sehen.
Birke:	Kannst du uns nicht wenigstens die Kleider färben?
Alle Bäume:	Ja, Herbst, du musst uns die Kleider färben!

nach Josef Guggenmos

(2) Lies den Text zwei weitere Male. Betone dabei die gelben Wörter.
Tipp: Du kannst dir auch Partnerkinder zum Lesen suchen.

(3) Schreibe einen oder zwei Sätze ab, die du besonders gut betonen konntest.

Zu Jo-Jo-Lesebuch 3, Kapitel 2, Seite 26–29:
einen Text mit verteilten Rollen lesen üben, Erfahrungen mit der Betonung machen

Herausfinden, welche Wörter man gut betonen kann

(1) So geht der Text weiter. Lies und probiere aus, welche Wörter du besonders betonen kannst.

Herbst: Ich würde euch gern die Kleider färben.
                   Aber was wird der Winter sagen?
                   Er mag keine bunten Kleider.

Fichte: Der Winter hat bestimmt nichts dagegen.
                   Wir werden die bunten Blätter abwerfen.

Herbst: Wir fragen ihn. Wind, lauf zum Winter und frag ihn.

Erzähler: Der Wind lief zum Winter und fragte ihn.
                   Der Winter war einverstanden.

Winter: Aber die vier Nadelbäume müssen grün bleiben.

Erzähler: Der Wind lief zurück und richtete die Botschaft aus.

Wind: Fichten, Tannen, Kiefern, Föhren,
                   ihr vier habt mir zuzuhören!
                   Bleibet grün, so wie ihr seid,
                   grün, grün, grasgrün allezeit!

Erzähler: Leider hatte der Wind einen Fehler gemacht.
                   Er hatte die Kiefer zweimal genannt.
                   Denn Kiefern nennt man auch Föhren.
                   Die Lärche hatte er aber vergessen.
                   Deshalb verliert die Lärche im Herbst ihre Nadeln.

nach Josef Guggenmos

(2) Markiere die folgenden Wörter im Text. Zähle sie.

Erzähler: [ ] Mal   grün: [ ] Mal   Kleider: [ ] Mal

Föhren: [ ] Mal   Wind: [ ] Mal   Winter: [ ] Mal

Herbst: [ ] Mal   Lärche [ ] Mal   Blätter: [ ] Mal

Zu Jo-Jo-Lesebuch 3, Kapitel 2, Seite 26–29:
Erfahrungen mit der Betonung wichtiger Wörter in einem Text machen,
entsprechende Wörter markieren; wichtige Wörter in einem Text erkennen

15

Es wächst und grünt

(1) Lies den Text.

Das Springkraut

Das Springkraut hat gelbe Blüten und
wird 30 bis 70 cm hoch. Du findest es im
Wald an schattigen und feuchten Stellen.
Wenn die Blüten verblüht sind, bilden sich
Schoten. In diesen reifen die Samen. Die
Schoten werden mit der Zeit immer dicker.
Wenn sie reif sind, braucht es nur eine kleine
Berührung und die Schoten platzen auf. Die
Samen springen bis zu drei Meter weit hinaus.
Das Springkraut wird auch „Rühr-mich-nicht-
an" genannt.

(2) Markiere im Text, woher das Springkraut seinen Namen hat.

(3) Lies und male die passenden Hälften der Sätze farbig an.

Pflanzen wachsen	aufplatzen.
Die Samen des Springkrauts liegen	entsteht eine neue Pflanze.
Sie können blitzschnell	in einem hohen Bogen davon.
Dabei fliegen alle Samen	in kleinen Schoten.
Fällt ein Same auf die Erde,	aus Samen.

(4) Nummeriere die Bilder in der richtigen Reihenfolge.

  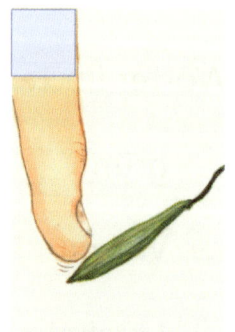 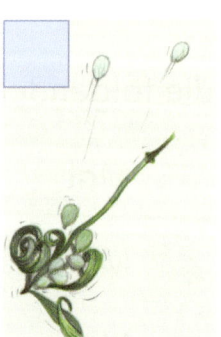 

Vorbereitend zu Jo-Jo-Lesebuch 3, Kapitel 3, Seite 35:
Text genau und sinnentnehmend lesen, Halbsätze zuordnen, Bilder ordnen

Petersilie

1 Lies die Sätze genau.
Streiche in jedem Satz ein Stolperwort.

Petersilie ist in Deutschland ~~Nordpol~~ ein beliebtes Kraut.

Die Pflanze liebt einen feuchten Boden Teppich.

Auch mag sie eher kühles Essen Wetter.

Sie wird bis zu 50 cm schwer groß.

Es gibt glatte und krause hellblaue Petersilie.

Man kann die Pflanze das ganze Jahr über ernten malen.

Frisch witzig geschnitten schmeckt Petersilie besonders gut.

Man verwendet sie in Suppen, Salaten, Autos, Soßen und Gemüse.

2 Unterstreiche im Text oben rot, was der Petersilie gefällt.
Unterstreiche grün, wie die Pflanze aussieht.
Unterstreiche blau, wie man sie verwendet.

3 Schreibe einen **Steckbrief** zur Petersilie.

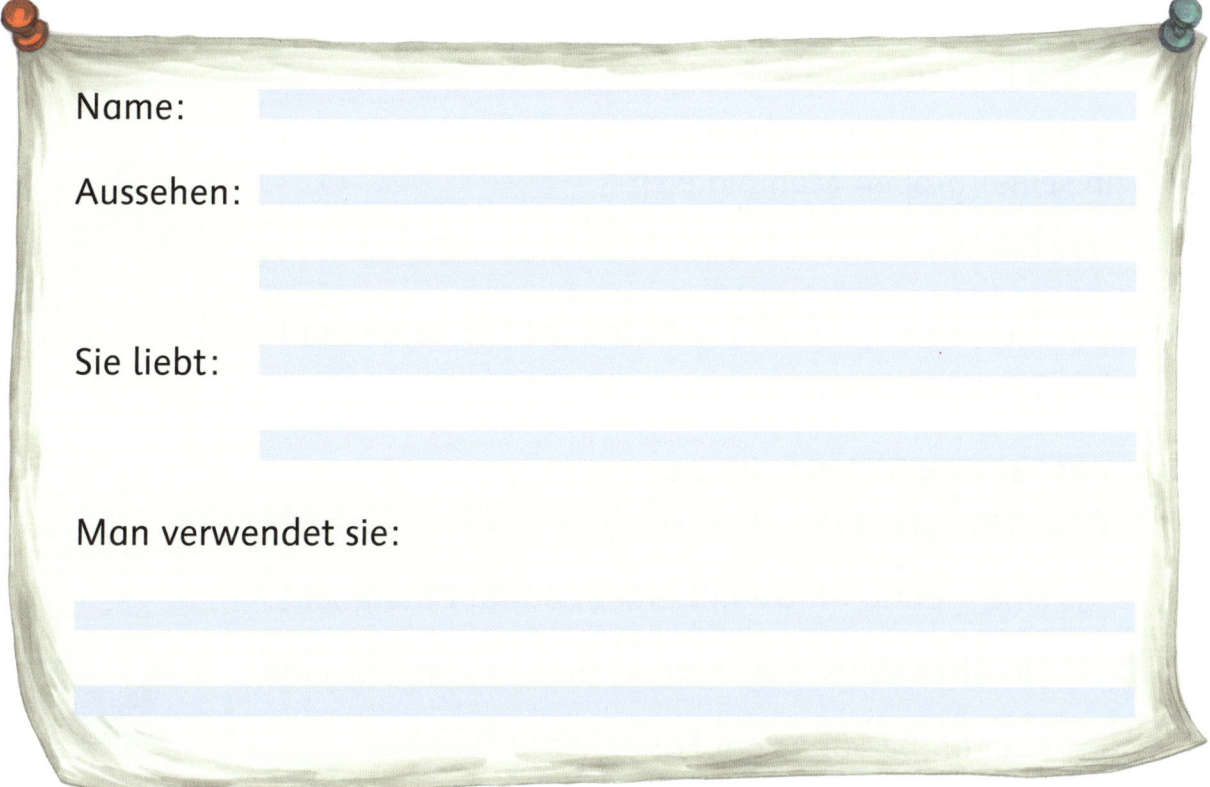

Name:

Aussehen:

Sie liebt:

Man verwendet sie:

Vorbereitend zu Jo-Jo-Lesebuch 3, Kapitel 3, Seite 36:
Sätze lesen und „Stolperwörter" streichen, bestimmte Informationen finden und
markieren, Textinhalte stichwortartig in Steckbrief übertragen

17

Ein Gedicht lesen

(1) Lies das Gedicht.

Der Streit

1 Die Gerste spricht: „Ich bin so fein,
mein Haar ist lang und dünn.
Könnt es ein Stückchen länger sein,
ging's bis zum Himmel hin!"

2 Der Weizen brummt: „Was soll mir das,
bin lieber dick und rund.
Am besten wär's, ein einzig Korn
wög gleich ein halbes Pfund!"

3 Der Hafer flötet: „Wie gemein!
Mein Lockenhaar ist weich,
es hängen viele Perlen dran –
ich bin dem König gleich!"

„Pieps", pfeift die Maus,
„der Streit ist aus!
Dort kommt der Michel
mit seiner Sichel.
Und morgen macht der Müller euch
in seiner großen Mühle gleich!"

Erna Brückner

(2) Die Strophen 1, 2 und 3 gehören jeweils zu einem Bild.
Nummeriere passend.

(3) Was ist eine **Sichel?** Kreuze an.
Tipp: Du kannst das Wort auch im Lexikon nachschlagen.

☐ eine warme Mütze mit einem bunten Bommel

☐ ein altes Werkzeug zum Schneiden von Getreide

☐ eine große Säge zum Fällen eines Baumes

Zu Jo-Jo-Lesebuch 3, Kapitel 3, Seite 37:
genau und sinnentnehmend lesen, Gedichtstrophen jeweils eine passende Abbildung
zuordnen, einen Begriff klären und eine passende Aussage dazu ankreuzen

Gerste, Weizen und Hafer

(1) Unterstreiche im Gedicht auf Seite 18,
wie die Pflanzen aussehen.

(2) Schreibe in die Tabelle, was die Pflanzen über ihr Aussehen sagen.

	Aussehen
Gerste	
Weizen	
Hafer	

(3) Was bedeutet der letzte Satz in dem Gedicht?
Schreibe etwas dazu auf.

„Und morgen macht der Müller euch
in seiner großen Mühle gleich!"

(4) Lest das Gedicht mit verteilten Rollen. Übt mehrmals.
Ihr braucht: Sprecher, Gerste, Weizen, Hafer, Maus.

(5) Kreuze an. Schreibe in die Lücken.

Wir haben das Gedicht _____ Mal gelesen.

Dies war meine Rolle: _____

So gut kann ich meine Rolle nun lesen: ⬜ 🟢 ⬜ 🟠 ⬜ 🔴

Zu Jo-Jo-Lesebuch 3, Kapitel 3, Seite 37:
wichtige Wörter in einem Text unterstreichen, Informationen in eine Tabelle eintragen,
mit verteilten Rollen lesen üben, Selbsteinschätzung

19

Lügengeschichten

1 Lies die Wörter Zeile für Zeile immer schneller.

der größ te Schwind ler al ler Zei ten	Lü gen ba ron
der größte Schwindler aller Zeiten	Lügenbaron
der größte Schwindler aller Zeiten	Lügenbaron

be son de re Ent dec kungs rei se	ähn li che Klei nig kei ten
besondere Entdeckungsreise	ähnliche Kleinigkeiten
besondere Entdeckungsreise	ähnliche Kleinigkeiten

un glaub li chen Ge schwin dig keit	drei köp fi gen Gei ern
unglaublichen Geschwindigkeit	dreiköpfigen Geiern
unglaublichen Geschwindigkeit	dreiköpfigen Geiern

2 Zeichne unter die schwarzen Wörter von Aufgabe 1
Silbenbögen ein.

3 Verbinde passend. Schreibe das Lösungswort auf.

1. zum Erben eingesetzt werden	ein heftiger Sturm	U
2. einen Gefallen schuldig sein	mit einem Schiff an einem Ort ankommen	M
3. ein schwerer Orkan	nach dem Tod eines Menschen seinen Besitz bekommen	S
4. mit unglaublicher Geschwindigkeit	als Dank jemandem helfen	T
5. in einen Hafen einlaufen	besonders schnell	R

Lösungswort: ____ ____ ____ ____ ____
             1   2   3   4   5

Zu Jo-Jo-Lesebuch 3, Kapitel 4, Seite 48/49:
Lesetempo steigern, dazu Silbenstruktur nutzen; Silbenbögen einzeichnen;
Ausdrücke mit der passenden Erläuterung verbinden

Wörter in einem Text finden

(1) Überfliege den Text mit den Augen. Finde und markiere die Wörter in den Rahmen aus Aufgabe 1 von Seite 20.

Manche sagen, Münchhausen sei der größte Schwindler aller Zeiten gewesen. Der Lügenbaron erzählte viele unglaubliche Geschichten.

Ein Verwandter von mir meinte, es müsste ein Volk von Riesen auf dem Mond geben. Er wollte auf eine besondere Entdeckungsreise, um dieses Volk zu finden. Ich war ihm einen Gefallen schuldig, weil er mich zum Erben eingesetzt hatte. So begleitete ich ihn. Wir kamen bis in die Südsee, ohne dass uns etwas Besonderes aufgefallen wäre, außer vielleicht einige Männer und Frauen, die in der Luft tanzten, und ähnliche Kleinigkeiten.
Am achtzehnten Tag unserer Reise gerieten wir in einen schweren Orkan. Er riss unser Schiff mindestens tausend Meilen empor. Mit einer unglaublichen Geschwindigkeit segelten wir über den Wolken weiter.
Dann entdeckten wir ein großes Land, rund und glänzend wie eine schimmernde Insel. Diese Insel war der Mond.
Dort saßen die Bewohner auf dreiköpfigen Geiern und flogen auf ihnen umher.
nach Gottfried August Bürger

(2) Lies den Text mehrmals laut.
Du kannst ihn auch jemandem vorlesen.

(3) Kreuze an. Schreibe in die Lücken.

> ☐ Ich habe den Text _____ Mal allein gelesen.
>
> ☐ Ich habe den Text vorgelesen. Zuhörer: _____
>
> So gut kann ich den Text nun lesen: ☐ 🟢 ☐ 🟠 ☐ 🔴

(4) Lies im **Jo-Jo-Lesebuch** die Seiten 48 und 49 über Münchhausen.

Zu Jo-Jo-Lesebuch 3, Kapitel 4, Seite 48/49:
überfliegend lesen und Wörter bzw. Wortgruppen finden; sicheres,
verstehendes Lesen üben; Selbsteinschätzung

21

Käpt'n Blaubär, der Meister-Lügner

(1) Lies den Text mehrmals.

1 Ich war im Botanischen Ozean, als mir eine
2 Flaschenpost mit einer Schatzkarte ins Netz ging.
3 Ich schipperte los, um den Schatz zu finden.
4 Die Karte führte mich zu einer SCHMATZinsel.

5 Genau! Die Schatzinsel war nämlich in
6 Wirklichkeit 'ne Schmatzinsel! Kaum dass ich
7 in der Insel drin war, klappte – ZACK! –
8 der Insel-Eingang zu. Sie war gar keine richtige
9 Insel, sondern eine fleischfressende Pflanze.

10 Auf der Schmatzinsel wachsen Palmen, an denen
11 Flaschenpostfrüchte mit gefälschten Schatzkarten drin reifen.
12 Die reifen Flaschen fallen ins Meer und irgendwann fischt sie
13 ein Schatzsucher auf.

14 Aber ich hatte keine Lust, als Mahlzeit von so 'nem verlassenen
15 Inselgemüse zu enden. Ich musste das Ding dazu bringen,
16 das Maul wieder aufzureißen. Dafür brauchte ich nur:
17 einen guten Witz. Die Insel hat sich gar nicht mehr eingekriegt
18 vor Lachen. Ich bin natürlich nix wie raus. Ich sag's ja immer:
19 Mit Humor geht alles besser.

nach Walter Moers

(2) In welchen Zeilen findest du diese Wörter?

SCHMATZinsel – Zeile: [ ]   fleischfressende Pflanze – Zeile: [ ]

Inselgemüse –   Zeile: [ ]   Flaschenpostfrüchte –   Zeile: [ ]

(3) Was ist **Humor**? Kreuze an.

[ ] gut kochen können   [ ] eine Reise machen

[ ] Schätze finden   [ ] Witze machen und verstehen

 Zu Jo-Jo-Lesebuch 3, Kapitel 4, Seite 50:
genau lesen und Wörter bzw. Wortgruppen finden,
Zeilenzähler nutzen, einen Begriff aus dem Kontext heraus verstehen

W-Fragen helfen beim Verstehen

(1) Lies die vier **W-Fragen**.
Die Antworten sind auf der Seite 22
farbig markiert.
Male die Fragen dazu
mit den gleichen Farben aus.

> **Was** wächst an den Palmen der Schmatzinsel?

> **Wozu** hatte Käpt'n Blaubär keine Lust?

> **Wo** war Käpt'n Blaubär, als er die Flaschenpost fand?

> **Womit** geht alles besser?

(2) Markiere zu diesen Fragen selbst die Antworten im Text.
Markiere Antworten und Fragen in derselben Farbe.

> **Was** ging Käpt'n Blaubär ins Netz?

> **Was** war die Schmatzinsel eigentlich?

 **(3)** Finde für die grauen Markierungen von Seite 22 selbst
zwei **W-Fragen**.

 **(4)** Lies im **Jo-Jo-Lesebuch** die Seite 50 über Käpt'n Blaubär.

Zu Jo-Jo-Lesebuch 3, Kapitel 4, Seite 50:
W-Fragen Textstellen zuordnen, Textstellen zu W-Fragen markieren,
selbst W-Fragen formulieren

23

Winterkälte

(1) Lies mehrmals von oben nach unten.

Der Pinguin wünscht sich was:

glitzernden Schnee
glitzernden Schnee zum
glitzernden Schnee zum Weihnachtsfest

ein feierlich
ein feierlich geschmücktes
ein feierlich geschmücktes Nest

wo Eiszapfen
wo Eiszapfen funkeln
wo Eiszapfen funkeln im
wo Eiszapfen funkeln im Kerzenschein

(2) Schreibe die Zeilen passend in die Linien.
Tipp: Achte auf das Reimwort am Ende.

davon träumt der Regenwurm.

„und ein Trampolin dazu."

will die dauernd müde Ziege,

Weihnachtswünsche
„Ich wünsche mir ein Springseil!", sagt die Kuh,

Zum Erholen eine Liege

einmal auf den Eiffelturm,

Eva Karnetzky

Vorbereitend zu Jo-Jo-Lesebuch 3, Kapitel 5, Seite 57:
Wortgruppen aufbauend lesen, Gedichtzeilen gemäß Reim zuordnen und abschreiben

Noch mehr Weihnachtswünsche

(1) Ergänze die Silben.

(2) Schreibe die ganzen Wörter noch einmal daneben.

gen	po	~~zen~~	zap	heits	zen	nachts

War **zen** schwein **Warzenschwein**

Re _____ wurm

Tram _____ lin

Schön _____ könig

Eis _____ fen

Weih _____ fest

Ker _____ schein

(3) Lies die Wörter und schwinge die Silben. Zähle sie.

glitzernden **3**   eigentlich ☐   feierlich ☐   funkeln ☐

geschmücktes ☐   schließlich ☐   dauernd ☐   zusammen ☐

(4) Lies und verbinde passend.

ein großes Eis   den Eiffelturm steigen

glitzernden Schnee   zum Weihnachtsfest genießen

einmal auf   am Stil essen

ein feierlich   Eiszapfen funkeln sehen

im Kerzenschein   geschmücktes Nest haben

 **(5)** Lies im **Jo-Jo-Lesebuch** die Seite 57.

Vorbereitend zu Jo-Jo-Lesebuch 3, Kapitel 5, Seite 57
Silben in Wörtern ergänzen, Wörter schreiben;
Wörter in Silben schwingen und Silben zählen, Wortgruppen sinngemäß verbinden

25

Den Winter vertreiben

1 Lies den Text mehrmals genau.

Früher war der Winter für die Menschen eine dunkle, kalte und sehr stille Zeit. Sie glaubten, dass daran böse Geister schuld wären.

Um die Geister zu vertreiben, setzten sich die Menschen unheimlich aussehende Masken auf. Sie johlten, tanzten und machten einen Höllenlärm, um die Geister zu erschrecken.

Bald kam der Frühling, so wie in jedem Jahr. Die Menschen aber glaubten, dass sie den Winter vertrieben hätten.

So wurde aus dem Vertreiben des Winters der **Fasching** oder die **Fasnet**. Manche sagen auch **Karneval**. Das ist die Zeit, in der man sich verkleiden und Unsinn machen darf. Auch das war früher wichtig. Die alten Herrscher waren nämlich oft schlimme Gesellen. Doch einmal im Jahr konnte das Volk richtig frech sein und hinter einer Maske Streiche spielen.

nach Günther Brinek

2 Unterstreiche rot, wie die Menschen den Winter vertrieben. Unterstreiche grün, was man zu Karneval machen darf.

3 Ordne die Überschriften den Abschnitten zu.

| Einmal im Jahr Streiche spielen | Was die Menschen früher glaubten |

| So wurden die Geister vertrieben | Der Frühling kam wieder |

Zu Jo-Jo-Lesebuch 3, Kapitel 5, Seite 65:
genau und sinnentnehmend lesen, wichtige Informationen unterstreichen,
Zwischenüberschriften zuordnen

W-Fragen zum Text beantworten

(1) Was ist mit dem blauen Satz gemeint? Kreuze an.
Tipp: Zwei Sätze sind richtig.

Die alten Herrscher waren oft schlimme Gesellen.

☐ Die Opas waren gesellig und saßen gern beisammen.

☐ Die Herrscher früher waren oft sehr streng und
bestimmten über die Menschen.

☐ Die Herrscher waren oft reich und freundlich zu anderen.

☐ Die Herrscher hatten viel Macht und machten, was sie wollten.

(2) Beantworte die W-Fragen mit eigenen Worten.

1. **Was** dachten die Menschen früher:
   Warum war der Winter kalt und dunkel?

2. **Was** taten die Menschen, um den Winter zu vertreiben?

3. **Warum** spielten die Menschen einmal im Jahr Streiche?

(3) Lies im **Jo-Jo-Lesebuch** die Seite 65.

Zu Jo-Jo-Lesebuch 3, Kapitel 5, Seite 65:
einen Satz verstehen und passende Aussagen dazu ankreuzen,
Fragen zu einem Sachtext mit eigenen Worten beantworten

27

Das bin ich

(1) Lies **Eddies Geschichte** genau.

Als Pferd aufgewacht

Heute Morgen bin ich aufgewacht und war ein Pferd. Mama hat mich gewarnt: „Eddie, wenn du dir etwas zu sehr wünschst, wird es über Nacht wahr." Und das habe ich jetzt davon.

Alles fing mit Nadja an. Sie hat erzählt, sie würde bald Reitstunden bekommen. Da hab ich gesagt: „Wenn du Reitstunden bekommst, dann werde ich doch glatt zum Pferd." Alle haben gelacht. Und jetzt ratet mal, wer heute seine erste Reitstunde haben soll?! Richtig, Nadja. Was mache ich jetzt? Mein Fell glänzt und ist beinahe rot.
Mama macht große Augen und sagt:
„Denk jetzt bloß nicht, dass du nicht zur Schule musst."

Leise schleiche ich mich ins Klassenzimmer. Meine Hufe machen klocka-di-klock und alle drehen sich um. Voll erwischt.
„Eddie?!", ruft Iris. Nadja ist blass wie ein Stück Kreide.

Ich setze mich mit dem Hintern auf den Boden. Jetzt bin ich immer noch größer als alle anderen, die auf Stühlen sitzen. Spitze.
„Und nachher", sage ich laut, „gibt es Reitstunden für alle."
Nadja beginnt zu schluchzen und rennt aus der Klasse.

„Was habe ich getan?", frage ich unschuldig, obwohl ich genau weiß, was ich getan habe. Ich hätte das mit der Reitstunde nicht sagen sollen. Das war so, als ob ich Nadjas Geburtstagsgeschenk einen Tag vor ihr ausgepackt hätte.
Zoran Drvenkar

Zu Jo-Jo-Lesebuch 3, Kapitel 6, Seite 70/71:
genau und sinnentnehmend lesen

Zwischenüberschriften zuordnen

(1) Schreibe die Überschriften an die passenden Stellen
auf Seite 28. Markiere die Wörter, die dir geholfen haben.

Ich hätte das nicht sagen sollen   Nadjas Reitstunde

Alle drehen sich um   Reitstunden für alle   Als Pferd aufgewacht

(2) Unterstreiche rot die Antworten auf die **W-Fragen** im Text.

1. **Wann** ist Eddie als Pferd aufgewacht?

2. **Wer** wird bald Reitstunden bekommen?

3. **Wie** sieht Eddies Fell aus?

4. **Was** macht Mama, als sie Eddie sieht?

5. **Wer** rennt aus dem Zimmer?

6. **Warum** hätte Eddie das mit der Reitstunde nicht sagen sollen?

(3) Findest du es richtig, dass Eddie das mit der Reitstunde gesagt hat?
Schreibe deine Meinung auf und begründe sie.

(4) Lies den Text auf Seite 28 mehrmals laut.
Danach kannst du ihn auch jemandem vorlesen.

(5) Kreuze an. Schreibe in die Lücken.

☐ Ich habe den Text _____ Mal allein gelesen.

☐ Ich habe den Text vorgelesen. Zuhörer: _____

So gut kann ich den Text nun lesen: ☐ 🟢 ☐ 🟠 ☐ 🔴

Zu Jo-Jo-Lesebuch 3, Kapitel 6, Seite 70/71:
Zwischenüberschriften Textabschnitten zuordnen, zu W-Fragen die passenden Textstellen
finden und markieren, wiederholtes Lesen, Selbsteinschätzung

29

Meine ganze Familie

1 Yunus ist ein neun Jahre alter Junge.
Verbinde passend, was er von sich erzählt.

Der Name Yunus   Stiefvater haben.

Mein Lieblingstier   heißt auf Deutsch Delfin.

Zur Mutter von meiner Mama   ist auch ein Delfin.

Meine Omi wohnt   sage ich Omi.

Ich möchte gern einen netten   Falafel und Spaghetti.

Ich esse am liebsten   weit weg in Italien.

2 Lies genau. Kreuze die richtigen Sätze an.

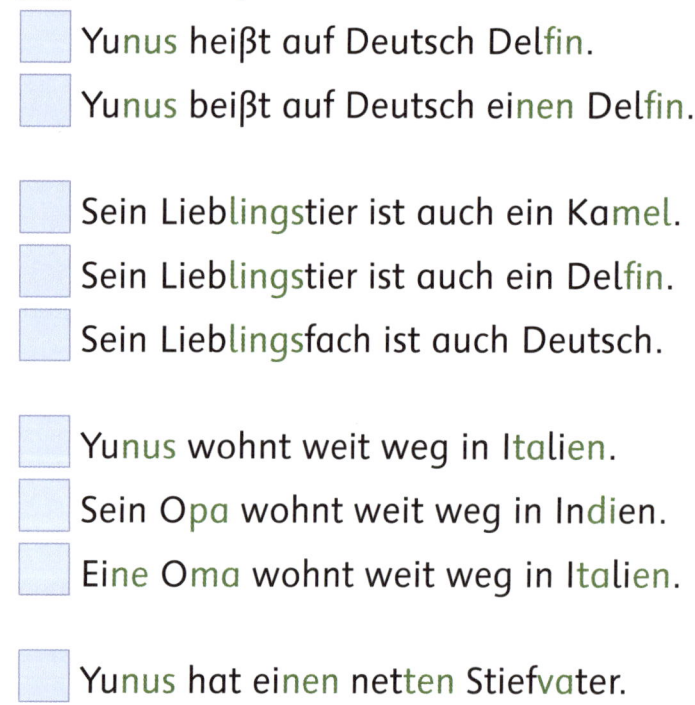

☐ Yunus heißt auf Deutsch Kamel.
☐ Yunus heißt auf Deutsch Delfin.
☐ Yunus beißt auf Deutsch einen Delfin.

☐ Sein Lieblingstier ist auch ein Kamel.
☐ Sein Lieblingstier ist auch ein Delfin.
☐ Sein Lieblingsfach ist auch Deutsch.

☐ Yunus wohnt weit weg in Italien.
☐ Sein Opa wohnt weit weg in Indien.
☐ Eine Oma wohnt weit weg in Italien.

☐ Yunus hat einen netten Stiefvater.
☐ Yunus hätte gern einen Stiefvater.
☐ Yunus hätte gern eine Stiefmutter.

Zu Jo-Jo-Lesebuch 3, Kapitel 6, Seite 77:
Satzhälften sinnvoll verbinden, Sätze genau lesen, Zutreffendes ankreuzen

Ein Bild hilft beim Verstehen

(1) Betrachte das Bild genau. Besprich es mit einem Partnerkind.

(2) Kreuze zum Bild die richtigen Sätze an.

☐ Mamas Stiefmutter wird Nonno genannt.

☐ Yunus nennt Mamas Mutter Omi.

☐ Mamas Freund heißt Lewis.

☐ Yunus kennt seinen Opa aus Istanbul nicht.

☐ Papas Mutter heißt Nine.

☐ Von Mamas Papa weiß Yunus nichts.

(3) Male und schreibe wie oben auf, wer zu deiner Familie gehört.

(4) Lies im **Jo-Jo-Lesebuch** die Seite 77 mehrmals laut.

Zu Jo-Jo-Lesebuch 3, Kapitel 6, Seite 77:
einer beschrifteten Zeichnung Informationen entnehmen,
passende Sätze dazu ankreuzen; eine analoge Skizze anfertigen

31

Freizeit

(1) Lies den Text mehrmals.

Luischen

Um vier Uhr ist die Freundin von Mama gekommen und hat
ihr kleines Mädchen mitgebracht. Luischen und ich,
wir sind auf mein Zimmer gegangen, und ich hab nicht gewusst,
was ich mit ihr sprechen soll. Luischen hat zuerst was gesagt:
„Du siehst aus wie ein Affe."
Das hat mir gar nicht gefallen und ich habe gesagt:
„Und du, du bist nur ein Mädchen",
und da hat sie mir eine Ohrfeige gegeben.
Und da hab ich Luischen am Zopf gezogen
und sie hat mich gegen das Schienbein getreten.
Und dann hat Luischen mein Flugzeug entdeckt. (…)
„Lass das liegen", hab ich gesagt, „das ist nichts für Mädchen!"
Und ich hab versucht, ihr das Flugzeug wieder abzunehmen.
„Ich bin eingeladen", hat sie gesagt. „Ich darf mit deinen
Sachen spielen, mit allen – wenn du mich nicht spielen lässt,
dann rufe ich meine Mama!"

Text: René Goscinny
Bild: Jean-Jacques Sempé

(2) Was bedeuten diese Wörter? Kreuze an.
Ohrfeige

☐ Schlag auf den Po   ☐ Schlag in das Gesicht

Schienbein

☐ Knochen unten im Bein   ☐ Knochen in der Hand

(3) Erzähle einem Partnerkind, was du in Aufgabe 1 gelesen hast.

Vorbereitend zu Jo-Jo-Lesebuch 3, Kapitel 7, Seite 84:
einen Text lesen, verstehen und wiedergeben; die richtige Bedeutung
von Begriffen ankreuzen

W-Fragen helfen beim Verstehen

(1) Unterstreiche die Antworten zu diesen Fragen im Text auf Seite 32.
Schreibe die Antworten dann weiter.

1. **Wer** ist um vier Uhr zu Besuch gekommen?

Um vier Uhr

2. **Was** hat Nick gemacht, als er die Ohrfeige bekommen hat?

3. **Was** hat Luischen entdeckt?

4. **Wen** will Luischen rufen,
   wenn sie nicht mit dem Flugzeug spielen darf?

(2) Was denkt Nick wohl über Luischen?
Schreibe in die Denkblase.

(3) Lies im **Jo-Jo-Lesebuch** auf den Seiten 84 und 85
den ganzen Text über Luischen.

Vorbereitend zu Jo-Jo-Lesebuch 3, Kapitel 7, Seite 84/85:
W-Fragen zu einem erzählenden Text beantworten, sich in eine Figur hineinversetzen
und Aussagen zur Innensicht formulieren

33

Das machen Kinder in ihrer Freizeit

(1) Lies und schau dir die Abbildung genau an.

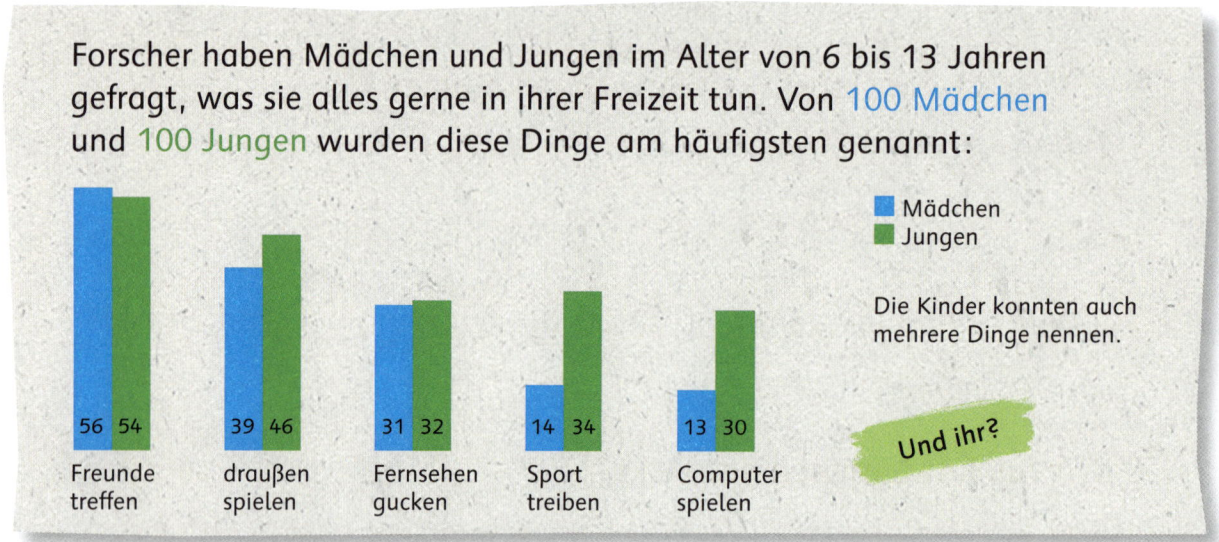

Forscher haben Mädchen und Jungen im Alter von 6 bis 13 Jahren gefragt, was sie alles gerne in ihrer Freizeit tun. Von 100 Mädchen und 100 Jungen wurden diese Dinge am häufigsten genannt:

Mädchen
Jungen

Die Kinder konnten auch mehrere Dinge nennen.

Und ihr?

| 56 | 54 | 39 | 46 | 31 | 32 | 14 | 34 | 13 | 30 |
| Freunde treffen | | draußen spielen | | Fernsehen gucken | | Sport treiben | | Computer spielen | |

(2) Stimmt es oder stimmt es nicht? Die Abbildung gibt die Antwort. Lies die Sätze und kreuze an.

Mädchen spielen nicht so gern am Computer. ☐ ja ☐ nein

Mädchen treffen lieber Freunde als Jungen. ☐ ja ☐ nein

Jungen spielen lieber draußen als Mädchen. ☐ ja ☐ nein

Jungen und Mädchen treiben gleich gern Sport. ☐ ja ☐ nein

Jungen spielen lieber Computer als Mädchen. ☐ ja ☐ nein

Mädchen gucken lieber Fernsehen als Jungen. ☐ ja ☐ nein

Mädchen treffen am liebsten ihre Freunde. ☐ ja ☐ nein

(3) Welche Hobbys gibt es? Kreise ein.
Tipp: Es sind insgesamt fünf Hobbys.

Bücher legen • Bücher lesen • Gitarre spielen • Fußball fangen

schwimmen gehen • Inliner kaufen • im Klo singen • Nase putzen

am Computer spielen • im Chor singen • auf einem Bein stehen

Zu Jo-Jo-Lesebuch 3, Kapitel 7, Seite 87:
einem Balkendiagramm Informationen entnehmen,
Stichwörter zu Hobbys lesen und richtige Hobbys einkreisen

Verrückte Sportarten

（1） Lies die Texte.
Markiere in jedem Abschnitt eine Info, worum es geht.

In Finnland gibt es eine besondere Meisterschaft.
Die Teilnehmer werfen ihre Handys so weit wie möglich.
Ein Mann schaffte mehr als hundert Meter.

In England treffen sich Menschen zu einem Wettbewerb und machen
Grimassen. Einer ließ sich sogar Zähne ziehen, um lustiger auszusehen.

In Deutschland machen Menschen Fahrten in der Badewanne.
Es gewinnt, wer in seiner Wanne auf einem kleinen Fluss
das Ziel zuerst erreicht.

（2） Schreibe drei passende Überschriften in die Linien oben.

（3） Lies genau. Kreuze an.

☐ In Finnland werfen die Menschen ihre Handys weg.
☐ In Finnland gibt es einen Wettbewerb im Handy-Weitwurf.

☐ In England ziehen sich die Menschen Zähne, weil es lustig ist.
☐ In England gibt es einen Wettbewerb im Grimassenschneiden.

☐ In Deutschland gibt es Wettbewerbe mit Badewannen.
☐ In Deutschland pennen die Menschen in der Badewanne.

（4） Denke dir selbst eine lustige Sportart aus.
Schreibe und male dazu auf ein Blatt.

Zu Jo-Jo-Lesebuch 3, Kapitel 7, Seite 87:
Sachtext lesen und verstehen, Zwischenüberschriften finden, zutreffende Sätze zum Text
ankreuzen, selbst eine Sportart erfinden und dazu schreiben und malen

35

Tieren auf der Spur

1 Lies die Namen der Schmetterlinge
mehrmals von oben nach unten.

Fens	Trau	Schorn
Fenster	Trauer	Schornstein
Fensterfleck	Trauerman	Schornsteinfe
Fensterfleckchen	Trauermantel	Schornsteinfeger

Brom	Gel	Vi
Brombeer	Gelbe	Vio
Brombeerzip	Gelbe Ti	Violett
Brombeerzipfel	Gelbe Tiger	Violett-Gelb
Brombeerzipfelfal	Gelbe Tigermot	Violett-Gelbeu
Brombeerzipfelfalter	Gelbe Tigermotte	Violett-Gelbeule

2 Nicht nur Schmetterlinge haben lange Namen.
Lies und verbinde passend.

Netzmuräne   Seepferdchen   Blattschneiderameise

Haubentaucher   Graupapagei   Totenkopfäffchen

Zu Jo-Jo-Lesebuch 3, Kapitel 8, Seite 94:
lange Tiernamen aufbauend lesen, Tiernamen mit dem jeweils passenden Bild verbinden

Echte und erfundene Tiere

1 Welche Tiere gibt es wirklich? Lies und kreise ein.
Tipp: Es sind acht Tiere.

Känguru	Riesenschildkröte	Eletiger
Giraffe	Adlerzelle	Wüstenrennmaus
Pelipferd	Feuersalamander	Löwolf
Fledermaus	Eichhörnchen	Feldhamster

2 Schreibe die vier falschen Tiere auf. Zeichne Silbenbögen ein.

3 Kreuze die Tiernamen an, aus denen die vier falschen Tiere
zusammengesetzt wurden.

☐ Adler	☐ Hund	☐ Wolf	☐ Elefant
☐ Fledermaus	☐ Tiger	☐ Pferd	☐ Löwe
☐ Eichhörnchen	☐ Pelikan	☐ Gazelle	☐ Frosch

4 Erfinde selbst zwei Fantasietiere wie oben.
Zeichne sie. Schreibe die Namen auf.

Zu Jo-Jo-Lesebuch 3, Kapitel 8, Seite 94:
lange Tiernamen lesen, echte Namen und Fantasienamen unterscheiden,
Zusammensetzungen analysieren, mit Sprache spielerisch umgehen

37

Mit Hilfe von Fotos Vermutungen zu einem Text anstellen

(1) Lies die folgende Überschrift. Betrachte die Fotos.

Kleiner Fuchs

(2) Vermute, um was es im Text zu den Bildern geht. Kreuze an.

◻ Es geht um Tiere, die am Meer leben.

◻ Es wird eine Geschichte von einem lieben Fuchs erzählt.

◻ Es geht darum, wie ein Schmetterling entsteht.

◻ Es geht darum, wie Spinnen ihre Netze bauen.

◻ Es geht darum, wie Hummeln auf der Wiese fliegen.

(3) Lies nun den Text zu den Fotos.

An einem Zweig hängt eine merkwürdige grüne Frucht.
Geheimnisvoll, wie hinter verschlossenen Türen,
arbeitet es in dieser Hülle.
Der Schmetterling entsteht. Er lebt.
Spürt das Sonnenlicht hinter den dünnen Wänden.
Langsam, Ruck für Ruck, schlüpft der Schmetterling heraus.
Steht auf dünnen Beinchen. Alles ist ungewohnt.
Er hebt die Flügel. Der Kleine Fuchs fliegt.

Lisa-Marie Blum

(4) Kreuze an.
Meine Vermutung war ◻ richtig. ◻ falsch.

Zu Jo-Jo-Lesebuch 3, Kapitel 8, Seite 96:
zu einer Überschrift und zu Bildern Vermutungen anstellen, Vermutungen überprüfen

Die Tricks einiger Tiere

(1) Lies den Text.

(2) Nummeriere die Bilder zu den Texten.

1 Manche Tiere kannst du fast nicht erkennen! Sie passen sich an ihre Umgebung genau an. So sehen sie zum Beispiel aus wie ein Zweig, ein Blatt oder eine Blüte. Ihre Feinde können sie nicht entdecken.

2 Einige Tiere sehen so aus wie gefährliche Tiere, obwohl sie nicht gefährlich sind. Sie haben Rot-Töne oder Gelb-Töne, die ihre Feinde abschrecken. Viele Tiere nutzen diesen Trick, zum Beispiel die schwarz-gelbe Schwebfliege, die nicht gefährlich ist.

3 Es gibt auch einen Schmetterling, der auf den Flügeln ein Muster hat, das wie die Augen einer Eule aussieht. Daher wird er Eulen-schmetterling genannt. Seine Feinde machen einen großen Bogen um ihn!

(3) Lies den Text nun mehrmals laut. Danach kannst du ihn auch jemandem vorlesen.

(4) Kreuze an. Schreibe in die Lücken

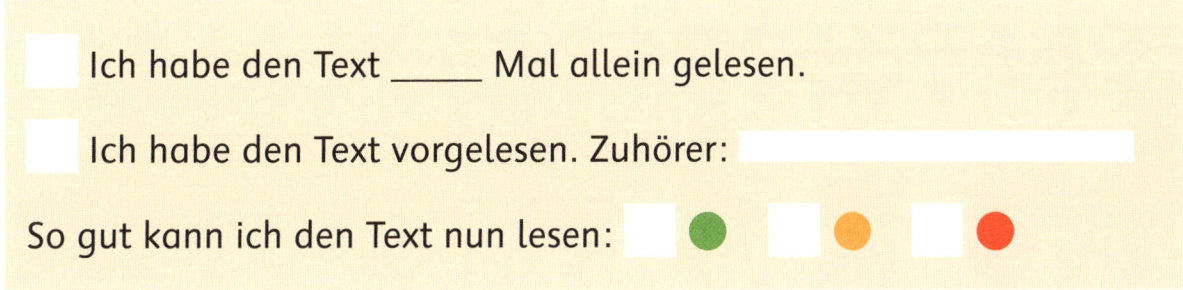

☐ Ich habe den Text _____ Mal allein gelesen.

☐ Ich habe den Text vorgelesen. Zuhörer: _____

So gut kann ich den Text nun lesen: ☐ 🟢 ☐ 🟠 ☐ 🔴

(5) Lies nun im **Jo-Jo-Lesebuch** die Seite 97 über die Tiere.

Zu Jo-Jo-Lesebuch 3, Kapitel 8, Seite 97:
Textabschnitte verstehend lesen und Bildern zuordnen, wiederholtes Lesen,
Selbsteinschätzung

39

Frühlingsduft

(1) Was weißt du über **Heuschnupfen**?
Schreibe dazu.

(2) Lies genau.

Kennst du das? Im Frühling läuft deine Nase,
du musst oft niesen und deine Augen jucken.
Dann hast du keinen Schnupfen,
sondern einen Heuschnupfen.
Das ist keine Erkältung, sondern eine Allergie.
Manche Menschen haben sie ein ganzes Leben lang.
Es bedeutet, dass der Körper sehr empfindlich
auf etwas reagiert, zum Beispiel auf Pollen von
blühenden Gräsern oder Bäumen.
Einige Menschen haben Probleme,
wenn die Bauern Gras mähen und daraus Heu machen.
Daher kommt der Name dieser Allergie.
Es gibt aber Medizin, damit man nicht so viel
niesen und schniefen muss.

(3) Worum geht es in dem Text?
Kreise die beiden wichtigsten Wörter (Schlüsselwörter) ein.

(4) Unterstreiche rot, woran man merkt, dass man Heuschnupfen hat.
Unterstreiche grün, woher das Wort Heuschnupfen kommt.

(5) Wie heißt es? Lies genau und kreuze immer das richtige Wort an.

☐ Allregie	☐ Blemun	☐ Greäsr	☐ Meschnen
☐ Allergie	☐ Blumne	☐ Gresär	☐ Menschen
☐ Allgirie	☐ Blumen	☐ Gräser	☐ Menschne

Vorbereitend zu Jo-Jo-Lesebuch 3, Kapitel 9, Seite 109
Vorwissen aktivieren, genau lesen und Schlüsselwörter markieren, wichtige
Informationen unterstreichen, genau lesen und richtige Schreibweisen ankreuzen

W-Fragen beantworten und Wortgrenzen finden

(1) Kreuze alle Wörter an, die im Text auf Seite 40 vorkommen.
Tipp: Es sind sechs Wörter. Markiere sie im Text.

☐ Augen ☐ Ohren ☐ Uhren ☐ erkältet

☐ Heu ☐ Gras ☐ Pollen ☐ Traktor

☐ Allergie ☐ Stroh ☐ Winter ☐ Frühling

(2) Beantworte die **W-Fragen**.

1. **Was** passiert, wenn man Heuschnupfen hat?

2. **Was** bedeutet das Wort „Allergie"?

3. **Warum** nennt man es „Heuschnupfen"?

(3) So kann man die Sätze schlecht lesen.
Zeichne Striche ein und lies die Sätze mehrmals.

Jana|läuftimmerdieNase,wennesFrühlingist.

Wennsiedraußenspielt,tränenihreAugenundjucken.

DerArztstelltfest,dassJanaHeuschnupfenhat.

(4) Lies im **Jo-Jo-Lesebuch** die Seite 109.

Vorbereitend zu Jo-Jo-Lesebuch 3, Kapitel 9, Seite 109:
genau lesen und Wörter in einem Text finden, W-Fragen beantworten,
Wortgrenzen in Sätzen einzeichnen

41

Ein Säckchen zum Verschenken nähen

(1) Die Bilder zeigen, wie man ein Säckchen näht.
Nummeriere die Sätze dazu passend. Notiere das Lösungswort.

1.

☐ Drehe das Säckchen einmal um. **E**

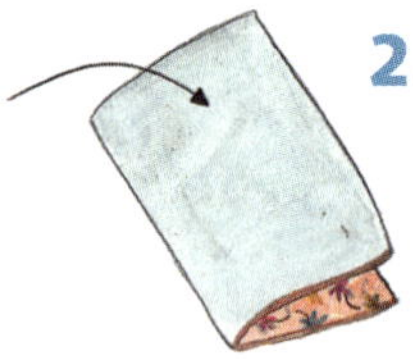

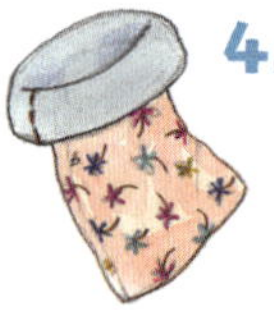

2.

1 Hole ein Stück Stoff, Nadel, Faden und Geschenkband. **G**

3.

☐ Fülle das Säckchen mit deinem Geschenk. **N**

4.

☐ Falte den Stoff einmal in der Mitte. **E**

5.

☐ Binde das Säckchen mit einem schönen Band zu. **K**

6.

☐ Nähe die lange und die kurze Seite zu. **SCH**

Lösungswort: ___ ___ _____ ___ ___ ___
              1   2   3   4   5   6

(2) Ergänze.

viele   Gesch____nk____

ein   sch____ner   St____n

ein   St____ck   D____fts____fe

ein   G____d____cht

e	i
e	e

u	ö	ü

ei	ei

Zu Jo-Jo-Lesebuch 3, Kapitel 9, Seite 113:
Sätze den Bildern einer Anleitung zuordnen, Lösungswort notieren;
Vokale einfügen

Genau lesen und Wörter finden

1 Male die passenden Teile farbig an.

Stoff	blätter
Geschenk	teile
Blüten	nadel
Duft	band
Näh	seife

2 Füge die Wörter in die Sätze ein.
Markiere dazu die Stelle immer mit einem Strich.

- Du brauchst ein|Stück Stoff, Nadel, Faden   **schönes**
  und eine Schleife.
- Falte Stoff einmal in der Mitte.   **den**
- Nähe die Seiten zu.   **offenen**
- Stülpe das Säckchen einmal um.   **kleine**
- Die sind jetzt innen.   **Nähte**
- Lege ein Geschenk hinein.   **kleines**
- Binde das Säckchen mit einer Schleife zu.   **bunten**

3 Lies die Sätze aus Aufgabe 2 mehrmals laut.

4 Kreuze an. Schreibe in die Lücken.

  Ich habe die Sätze _____ Mal allein gelesen.

  Ich habe die Sätze vorgelesen. Zuhörer:

So gut kann ich die Sätze nun lesen: 🟢 🟠 🔴

5 Was könntest du noch als Geschenk
in das kleine Säckchen legen?
Male es.

Zu Jo-Jo-Lesebuch 3, Kapitel 9, Seite 113:
zusammengesetzte Nomen finden, Wörter in Sätze einfügen, wiederholtes Lesen,
Selbsteinschätzung, gemäß eigener Idee malen

43

Probier mal

(1) Lies die schwarze Überschrift. Um was könnte es im Text gehen?
Schreibe deine Vermutung auf.

Wieso schmeckt bei Schnupfen alles gleich?

Viele Texte enthalten unbekannte Wörter.
Manche werden im Text erklärt.

(2) Suche das Wort umami im Text.
Markiere es und markiere die Erklärung, was umami bedeutet.

Die Zunge erkennt fünf Geschmäcker: süß, sauer,
bitter, salzig und noch umami. Was so viel heißt wie
herzhaft-würzig. Und manche Forscher glauben, dass es
auch noch einen sechsten Geschmack gibt, nämlich fettig.

Manche schwierigen Wörter muss man im Lexikon nachschlagen.

(3) Lies die Erklärung. Kreuze die richtigen Bedeutungen an.
Tipp: Zwei Sätze stimmen.

Aber gegen die Zunge mit ihren mickrigen Geschmacksrichtungen
ist die Nase ein Meisterchampion.
*Erklärung aus einem Lexikon: Champion bedeutet Spitzensportler
oder Meister in einer Sportart.*

☐ Die Nase kann viel besser riechen
als die Zunge schmecken kann.

☐ Die Zunge riecht besser als die Nase.

☐ Die Zunge ist mickrig und die Nase ist größer.

☐ Die Nase ist beim Riechen so gut
wie ein guter Sportler in seinem Sport.

Zu Jo-Jo-Lesebuch 3, Kapitel 10, Seite 120:
zu einer Überschrift antizipieren, inhaltlich schwierige Begriffe aus dem Text heraus
bzw. mit Hilfe einer Erklärung verstehen

Wichtige Wörter im Text nutzen

(1) Lies den Text mehrmals.
Achte auf die wichtigen gelben Wörter.

Die Zunge erkennt fünf Geschmäcker: süß, sauer, bitter,
salzig und noch umami. Was so viel heißt wie herzhaft-würzig.
Und manche Forscher glauben, dass es auch noch einen
sechsten Geschmack gibt, nämlich fettig.
Du kannst überall auf der Zunge jeden Geschmack feststellen.
Es gibt nur eine Ausnahme: Bitter schmeckt man am ehesten ganz
hinten auf der Zunge. Das hat die Natur als Schutz schlau
eingerichtet. Bevor man etwas Bitteres, also wahrscheinlich Giftiges
oder Ungenießbares, runterschlucken kann, wird man noch ein
allerletztes Mal gewarnt.

Andrea Schütze

(2) Beantworte die **W-Fragen** mit Hilfe der gelben Wörter.

1. **Wie viele** Geschmäcker erkennt die Zunge?

Die Zunge

2. **Was** bedeutet die Geschmacksrichtung umami auf Deutsch?

3. **Wo** schmeckt man das Bittere vor allem?

4. **Warum** hat die Natur das so eingerichtet?

(3) Lies im **Jo-Jo-Lesebuch** den Text auf Seite 120 mehrmals laut.

Zu Jo-Jo-Lesebuch 3, Kapitel 10, Seite 120:
einen Textauszug lesen und W-Fragen zum Text mit Hilfe markierter Textstellen
beantworten

45

Blaubeer-Muffins

(1) Lies die Liste mit den Zutaten. Streiche alles durch, was du **nicht** für Blaubeer-Muffins brauchst.

Zutaten für 12 Muffins

- 270 Gramm Mehl
- 140 Gramm Zucker
- 12 Fläschchen Kinder-Shampoo
- 140 Gramm Butter
- eine Prise Salz
- 8 Kilo Nägel
- 250 Milli-Liter Milch
- 2 Eier
- 4 Tennisbälle
- 5 Milli-Liter Schlangengift
- 2 Teelöffel Backpulver
- ein Päckchen Vanillezucker
- 5 scharfe Pfefferschoten
- 250 Gramm Blaubeeren

Außerdem braucht man

- eine Rührschüssel
- einen Mixer
- einen Feuerlöscher
- ein Muffin-Blech

(2) Verbinde jede Zutat mit dem passenden Teil im Bild.

(3) Was bedeutet **eine Prise**? Frage jemanden oder schlage nach.

Eine Prise ist

Zu Jo-Jo-Lesebuch 3, Kapitel 10, Seite 125:
eine Zutatenliste genau lesen und unsinnige Zutaten streichen,
Wörter und Bilder passend verbinden, ein inhaltlich schwieriges Wort klären

So ein Durcheinander!

(1) Nummeriere die Abschnitte des Rezepts in der richtigen Reihenfolge. Die Bilder helfen dir dabei!

(2) Verbinde die Texte passend mit den Bildern.

☐ Blaubeeren waschen und auf dem Teig verteilen

☐ Mehl, Backpulver und Salz dazugeben, danach auch die Milch unterrühren

☐ Eier dazugeben und schaumig rühren

☐ Mulden im Backblech einfetten; Mulden im Blech oder Backpapierformen bis etwa zur Hälfte mit Teig füllen

1 Butter, Zucker und Vanillezucker mit dem Mixer cremig schlagen

☐ Muffins etwa 20 Minuten backen, zwischendurch mit einem Stäbchen testen; Der Teig darf nicht mehr am Stäbchen kleben bleiben, dann sind die Muffins fertig!

(3) Lies das Rezept in der richtigen Reihenfolge mehrmals laut.

(4) Erzähle einem Kind, wie man Blaubeer-Muffins backt.

Zu Jo-Jo-Lesebuch 3, Kapitel 10, Seite 125:
Textteile mit Hilfe von Bildern ordnen, wiederholtes Lesen,
mündliche Wiedergabe des Anleitungstextes

Medien

(1) Lies den Text.

Marko ist zwölf Jahre alt. Bei einem Pferderennen hat er
auf das richtige Pferd gewettet und in der Zeitung gestanden.
Kann er etwa in die Zukunft sehen? Das Fernsehen wird
auf ihn aufmerksam. Man fragt ihn, ob er nicht in der Show
„Little Star" auftreten möchte. Markos Mutter möchte
auf jeden Fall, dass er auftritt.

(2) Lies die Sprechblasen.
Male farbig an: rot = Mutter, blau = Marko.

(3) Nummeriere die Sprechblasen in der richtigen Reihenfolge.

1 Es ist etwas total Tolles passiert!

2 Und was?

Echt?

Du hast eine Einladung vom Fernsehen!

Da geh ich nicht hin! Das ist doch Babykram!

Ja! Von *Little Star*!

Aber Dicki, du bist doch mein *little star*!

Wieso? Die Ältesten sind sechzehn.

Ich will aber nicht.

8 Kommt nicht infrage!

Wenn man mitmacht in der Sendung, bekommt man ein paar tausend Euro. Dann ist auch ein Smartphone für dich drin.

Oh, ich denk nochmal darüber nach.

Vorbereitend zu Jo-Jo-Lesebuch 3, Kapitel 11, Seite 132/133:
einführenden Text und Sprechblasen lesen, Gesprächsrollen zuordnen,
Dialogfolge passend nummerieren

Star

(1) Lies den Text.

Marko fragt seinen Freund

An diesem Abend rief ich Greg an. Bei einer so schwierigen
Entscheidung fragt man lieber seinen besten Freund.

„Little Star?", rief Greg. „Waaahnsinn! Da musst du hin!"

„Wie bitte? Das ist doch Babykram."

„Wieso? Die Ältesten, die da mitmachen, sind sechzehn."

„Guckst du das etwa?"

„Na klar, jede Folge. Du nicht?"

„Da singen kleine Mädchen *Hänschen klein*!"

„Aber warum laden die dich ein? Ich meine:
Was kannst du denn?"

„Hellsehen", sagte ich beleidigt. „Schon vergessen?
Ich war in der Zeitung."

Salah Naoura

(2) Unterstreiche grün, was Greg sagt.
Unterstreiche blau, was Marko sagt.

(3) Lies die Sätze. Kreuze an, was stimmt.

☐ *Little Star* ist ein Film für Kinder ab zwölf Jahren.

☐ In der Sendung treten Tiere auf, die ein Talent haben.

☐ In der Sendung treten Kinder auf, die etwas gut können.

☐ Die Ältesten, die mitmachen, sind sechzehn.

☐ In der Sendung treten Babys auf.

☐ Greg möchte gern ein Lied singen.

☐ Über Marko stand ein Artikel in der Zeitung.

☐ Marko kann hellsehen (in die Zukunft sehen).

(4) Lies im **Jo-Jo-Lesebuch** die Seiten 132 und 133.

Vorbereitend zu Jo-Jo-Lesebuch 3, Kapitel 11, Seite 133:
Text lesen, wörtliche Rede jeweils einem Sprecher zuordnen,
passende Aussagen zum Text ankreuzen

49

Alle haben eins!

(1) Lies das Gespräch zunächst mehrmals allein.

Alex kommt von der Schule nach Hause.

Alex: Mama, ich brauche ein Handy.

Mutter: Hallo! Schön, dass du da bist.

Alex: Ich brauche ein Handy.

Mutter: Wozu brauchst du ein Handy?

Alex: Alle meine Freunde haben eins.

Mutter: Alle? Das glaube ich nicht.

Alex: Doch!

Mutter: Erst vor ein paar Tagen hat Samuels Mutter
           zu mir gesagt, sie sei dagegen, dass ihr schon
           ein Handy habt. Die rufe ich sofort an.

Alex: Äh … der … der Samuel hat noch keins.
           Aber er will auch eins.

Mutter: Aha, er will eins, genau wie du.
           Brauchen tut ihr nämlich beide kein Handy,
           genauso wenig wie andere Kinder in eurem Alter.

Alex: Doch! Die anderen lachen mich schon aus,
           weil ich keins habe.

Mutter: Dann sind sie dumm.

Alex: Sind sie nicht!

nach Manfred Mai

(2) Markiere folgende Wörter mit verschiedenen Farben im Text.
Zähle, wie oft du sie gefunden hast.

Handy: ☐   eins: ☐   keins: ☐   brauche: ☐

Zu Jo-Jo-Lesebuch 3, Kapitel 11, Seite 134:
Dialog mehrfach allein lesen üben, vorgegebene Wörter durch überfliegendes Lesen
im Text finden und zählen

Brauche ich ein Handy – oder nicht?

1 Lies die Sätze.

Handys braucht man, um sich zu verabreden.

Verabreden kann man sich in der Schule.

Handys lenken nur ab.

Kinder brauchen kein Handy.

Wenn ich kein Handy habe, werde ich ausgelacht.

Ich kann Fotos für ein Referat machen.

Ich kann zu Hause anrufen, wenn der Bus zu spät kommt.

2 Male grün aus, was Alex gesagt haben könnte.
Male blau aus, was die Mutter gesagt haben könnte.

3 Suche dir ein Kind.
Lest den Text auf Seite 50 mit verteilten Rollen.

4 Spielt die Szene von Seite 50. Wie könnte es weitergehen?

5 Kreuze an. Schreibe in die Lücken.

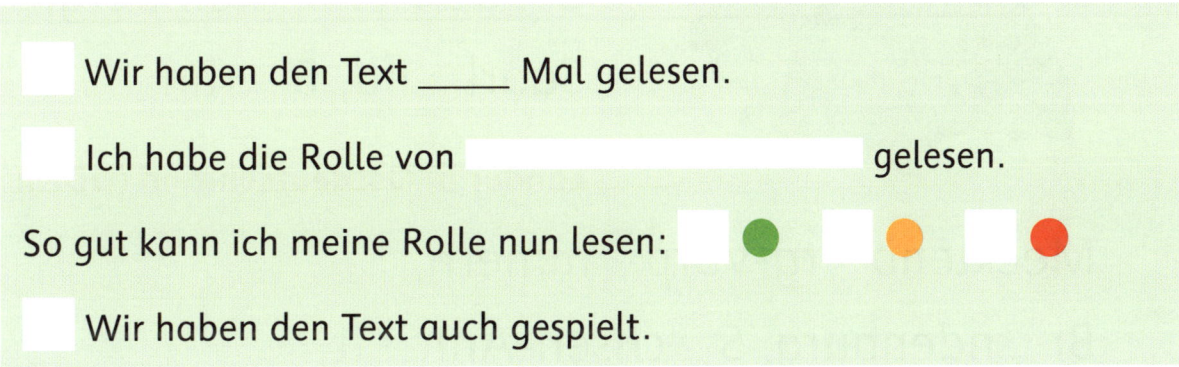

6 Lies im **Jo-Jo-Lesebuch** die Seite 134.

Zu Jo-Jo-Lesebuch 3, Kapitel 11, Seite 134:
Sätze inhaltlich zuordnen, mit verteilten Rollen lesen üben, Szene spielen und
ggf. weiterentwickeln, Selbsteinschätzung

51

Zeit vergeht

1 Lies den Text.

Früher gab es **zwei Deutschlands**, und wer in Leipzig wohnte
und eine Oma in München hatte, durfte sie nicht besuchen.
In Berlin gab es sogar eine hohe und streng bewachte Mauer,
damit niemand vom Osten der Stadt in den Westen kam,
wenn er nicht eine Erlaubnis hatte.

Hanna Schott

> Die beiden Länder hießen **B**undesrepublik **D**eutschland
> und **D**eutsche **D**emokratische **R**epublik (**DDR**).

2 Ergänze die Namen der Bundesländer.
Tipp: Die Karte hilft dir dabei.

Länder in Westdeutschland:

Schleswig-Hlstein,

Hmburg, Brmen,

Niederschsen,

Nrdrhein-Westflen,

Rheinlnd-Pflz,

Hssen, Byern,

Bden-Wrttemberg,

Saarlnd, Brlin

Länder in Ostdeutschland (DDR):

Mecklenbrg-Vorpmmern,

Brndenburg, Schsen-Anhlt,

Berln, Thringen, Sachsn

Zu Jo-Jo-Lesebuch 3, Kapitel 12, Seite 145:
einen Sachtext mit Hilfe einer Karte besser verstehen, einem diskontinuierlichen Text
Informationen entnehmen, Ländernamen ergänzen

Zwei Deutschlands

(1) Lies den Text mehrmals genau.

Immer mehr Menschen wollten die DDR verlassen und stellten
einen Ausreiseantrag. Schließlich nahmen im Sommer 1989
ganz viele Leute all ihren Mut zusammen und demonstrierten.
In Leipzig waren es besonders viele. Sie demonstrierten so lange,
bis eines Abends ein Politiker, der Schabowski hieß, zu stottern
anfing, als er von einem Journalisten gefragt wurde, wann
denn endlich alle in den Westen reisen dürften. „Nach meiner Kenntnis
… ist das sofort … unverzüglich", sagte er schließlich, und da machten
sich die Ersten schon auf den Weg zur Grenze.

Hanna Schott

(2) Was bedeuten diese Wörter? Kreuze an.

Ausreiseantrag

☐ Antrag in der DDR, dass man das Land verlassen wollte

☐ Zeugnis, dass man die Schule abgeschlossen hatte

Journalist

☐ jemand, der Häuser baut

☐ jemand, der Berichte für Zeitungen und Fernsehen schreibt

demonstrieren

☐ jemandem alles Gute wünschen

☐ auf der Straße mit anderen zeigen, für oder gegen was man ist

(3) Kreuze die richtigen Antworten zu den **W-Fragen** an.
Markiere die Antworten auch im Text oben.

Wo demonstrierten besonders viele Leute?

☐ in Leipzig ☐ in Berlin ☐ in München

Wann demonstrierten ganz viele Menschen?

☐ im Winter 1969 ☐ im Herbst 1989 ☐ im Sommer 1989

Zu Jo-Jo-Lesebuch 3, Kapitel 12, Seite 145:
einen Text mehrfach genau lesen, inhaltlich schwierige Wörter verstehen,
W-Fragen mit Hilfe von Textstellen und einer vorgegebenen Auswahl beantworten

53

Das magische Baumhaus

1 Lies den Text.

1 „Hierher!", rief Anne. Sie stand unter einer großen Eiche.

2 „Schau mal!", sagte sie und deutete auf eine Strickleiter.

3 Die Leiter führte bis ganz hoch in die Baumkrone. Und dort,

4 zwischen den Zweigen, war ein Baumhaus.

5 „Das ist bestimmt das höchste Baumhaus der Welt!",

6 meinte Anne. „Ich klettere mal hoch." Philipp seufzte.

7 „Anne, es ist schon fast dunkel. Wir müssen nach Hause!"

8 Anne war mittlerweile in dem Baumhaus verschwunden.

9 „Bücher!", rief Anne.

10 „Was?"

11 „Es ist voller Bücher!"

12 Philipp krabbelte durch das Loch im Boden des Baumhauses.

Mary Pope Osborne

2 Markiere im Text oben diese Ausschnitte.

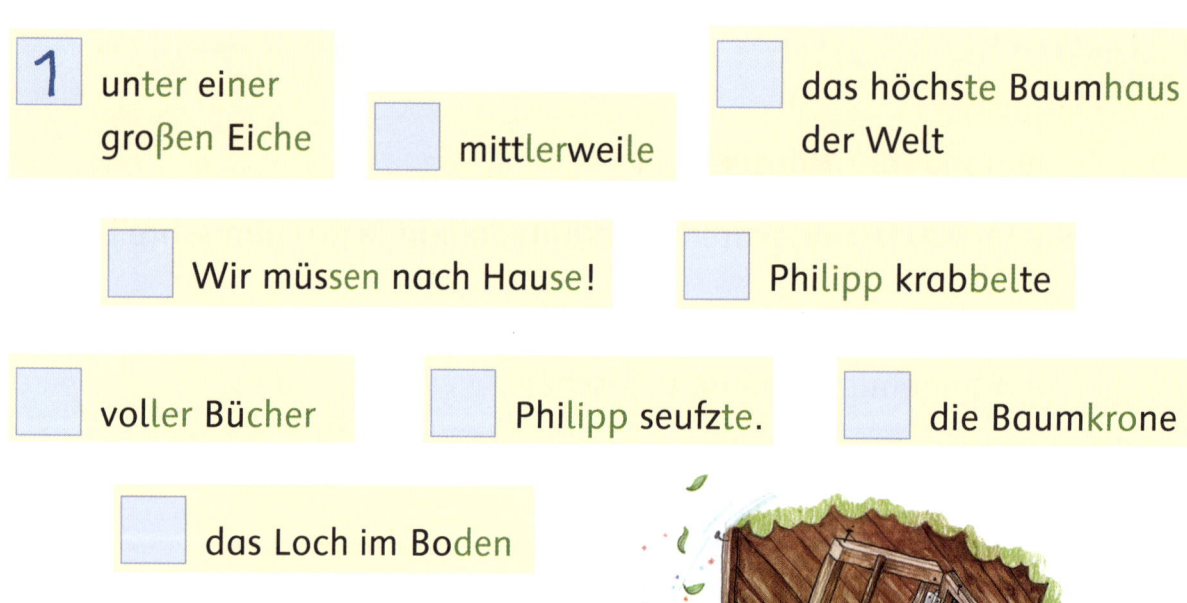

| 1 unter einer großen Eiche | ☐ mittlerweile | ☐ das höchste Baumhaus der Welt |

☐ Wir müssen nach Hause!   ☐ Philipp krabbelte

☐ voller Bücher   ☐ Philipp seufzte.   ☐ die Baumkrone

☐ das Loch im Boden

☐ auf eine Strickleiter

3 Notiere zu den Ausschnitten von Aufgabe 2 die Zeilennummer des Textes.

Satzhälften aus „Das magische Baumhaus" verbinden

1 Welche Satzhälften gehören zusammen? Verbinde.
Tipp: Nimm verschiedene Farben für die Sätze.

„Schau, hier ist   mit Dinosauriern hoch.

Anne hielt ein Buch   ein Buch für dich!"

Philipp nahm Anne   das Buch aus der Hand.

Da war das Bild   fledermausartige Flügel.

Das Pteranodon hat   eines fliegenden Reptils.

Es segelte   sich zu drehen.

Das Baumhaus begann   alles still.

Dann war plötzlich   auf das Baumhaus zu.

„Wo sind wir?",   ganz still am Fuß des Baumes.

Das Pteranodon saß   stammelte Philipp.

Das fliegende Reptil   lebte in der Kreidezeit.

nach Mary Pope Osborne

2 Lies die Sätze mehrmals. Lies sie immer flüssiger.
Danach kannst du sie auch jemandem vorlesen.

 **3** Kreuze an. Schreibe in die Lücken

☐ Ich habe die Sätze _____ Mal allein gelesen.

☐ Ich habe die Sätze vorgelesen. Zuhörer: _____

So gut kann ich die Sätze nun lesen: ☐ 🟢 ☐ 🟡 ☐ 🔴

 **4** Lies im **Jo-Jo-Lesebuch** die Seiten 146/147 mit dem ganzen Text.

Sommerhitze

(1) Lies den Text.

Endlich wieder zelten!

Endlich keine Schule mehr. Vor mir lagen sechs Wochen ohne Klassenarbeiten und Hausaufgaben – und ein toller Zelturlaub! Am Nachmittag taten wir das, was wir am letzten Schultag immer tun – packen.

Zelten am Meer ist toll. Das Problem ist nur, dass das Meer nicht um die Ecke liegt. Wir fahren … und fahren … und fahren … machen Pause … und fahren … und stehen … und fahren … und fahren … und fahren!

Die größte Herausforderung liegt aber darin, nach zehn Stunden Autofahrt das Zelt aufzubauen. Dabei bekommen sich alle Eltern in die Wolle.

Beim Zelten wohnen alle ziemlich eng beieinander.
Das kann nerven, kann aber auch sehr spannend sein.
Manche sind sehr laut.
Manche lieben Musik.

Text und Bilder:
Philip Waechter

(2) Worum geht es in jedem Abschnitt?
Markiere die wichtigsten Wörter.

(3) Schreibe über die vier Abschnitte passende Überschriften.

Vorbereitend zu Jo-Jo-Lesebuch 3, Kapitel 13, Seite 148/149:
wichtige Wörter in Textabschnitten markieren, Zwischenüberschriften finden

Was man brauchen kann

1 Schau dir das Bild an.
Schreibe die Wörter passend zum Bild.

| Liegestuhl | Sonnenschirm | Handstaubsauger | Esstisch |

| Stromanschluss | Küchenzelt | Antenne | Wachhund |

2 Was siehst du noch auf dem Bild?
Schreibe weitere passende Wörter dazu.

3 Lies im **Jo-Jo-Lesebuch** die Seiten 148 und 149.

Schafskälte

(1) Immer zwei Sätze bedeuten dasselbe.
Male sie mit der gleichen Farbe aus.

Es gibt einen Kälteeinbruch.

Es regnet, es ist windig, dann ist es wieder mal sonnig.

Das dicke Fell der Schafe wird abrasiert.

Es wird plötzlich wieder richtig kalt.

Die Schafe werden im Frühling geschoren.

Das Wetter ist sehr unbeständig.

(2) Lies den Text mehrmals genau.

Schafskälte – was ist das?

Die Schafskälte ist ein plötzlicher Kälteeinbruch.
Um den 11. Juni herum wird es in Deutschland oft noch
einmal richtig kalt. Man denkt schon an den Sommer,
doch auf einmal muss man wieder eine dicke Jacke anziehen.
Oft regnet es auch und es ist windig.
Diese kalten Tage zu Beginn des Monats Juni nennt man
auch **Schafskälte**. Aber warum? Woher kommt das Wort?
Im Frühling haben die Schafe schon kein dickes Fell mehr.
Der Schäfer hat sie geschoren. Wenn es dann so kalt wird,
frieren die Schafe. Und oft auch die Menschen!

(3) Kreuze die Bilder an, die zum Text passen.
Tipp: Es sind fünf Bilder.

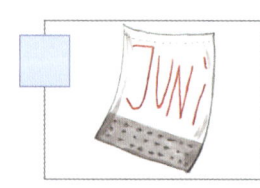

Zu Jo-Jo-Lesebuch 3, Kapitel 13, Seite 154:
Sätze mit gleicher Bedeutung markieren, Text lesen und verstehen,
passende Bilder zum Text ankreuzen

W-Fragen zum Text beantworten

(1) Was genau ist die **Schafskälte**?
Markiere das wichtigste Wort (Schlüsselwort) im Text auf Seite 58.

(2) Ergänze den Satz.
Die Schafskälte ist

(3) Lies die bunten Fragen in Aufgabe 4.
Markiere die Antworten farbig im Text auf Seite 58.

(4) Antworte mit eigenen Worten in ganzen Sätzen.

1. **Wann** kommt die Schafskälte?
Die Schafskälte kommt

2. **Was** passiert bei der Schafskälte?

3. **Warum** spricht man von Schafskälte?

(5) Lies den Text auf Seite 58 mehrmals laut.

(6) Kreuze an. Schreibe in die Lücken.

☐ Ich habe den Text _____ Mal gelesen.

☐ Ich habe den Text vorgelesen. Zuhörer: _____

So gut kann ich den Text nun lesen: ☐ ● ☐ ● ☐ ●

(7) Lies im **Jo-Jo-Lesebuch** die Seite 154.

Zu Jo-Jo-Lesebuch 3, Kapitel 13, Seite 154:
Schlüsselwort in einem Sachtext finden, W-Fragen beantworten, wiederholtes Lesen,
Selbsteinschätzung

59

Ich liebe Bücher

(1) Der Autor Martin Baltscheit hat das Buch **Felline** geschrieben. Lies beide Texte.

Fragen an Herrn Baltscheit

Herr Baltscheit, wie kommen Sie auf die Ideen zu Ihren Geschichten?

In der Geschichte von Felline ist Paul unzufrieden mit seinem neuen Hund. Mir geht es auch oft so. Viel besser wäre aber, zu lieben, was ist, und nicht an allem herumzunörgeln.

Haben Sie die Geschichte fertig im Kopf, wenn Sie mit dem Aufschreiben beginnen?

Die grobe Handlung und die Figuren habe ich im Kopf. Zuerst schreibe ich alles in ein paar Sätzen auf. Etwa so:

1. Paul bekommt einen Hund.
2. Der Hund gefällt ihm nicht.
3. Er unternimmt etwas dagegen.
4. Das geht aber schief …

Aus dem Buch „Felline"

Endlich bekam Paul einen Hund. Eigentlich hätte Paul sich gefreut über einen riesigen schwarzen mit gefährlicher Schnauze. Aber Felline war klein und weiß mit ein paar braunen Sprenkeln.
Zum Glück gab es Papas alten Chemiebaukasten. Paul machte sich sofort ans Werk.
Die bunte Suppe schmeckte Felline lecker.
In dieser Nacht träumte Felline einen seltsamen Traum.
Sie hatte sich in einen Gruselhund verwandelt.
Als sie sich im Spiegel ansah, stand ein schwarzer Monsterhund direkt vor ihr. Sie lief durch die Straßen und alle Menschen, die sie sahen, fielen in Ohnmacht.

Martin Baltscheit

(2) Verbinde die markierten Stellen im Interview links mit den passenden Stellen in der Geschichte rechts.

Zu Jo-Jo-Lesebuch 3, Kapitel 14, Seite 164/165:
Teile aus einem Interview und einem Kinderbuch zuordnen

Lieblingsbücher

(1) Martin Baltscheit schreibt Bücher. Er liest aber auch gern.
Lies den Teil aus dem Interview.

Was lesen Sie am liebsten? Haben Sie dafür einen Lieblingsort?

Am liebsten lese ich Sachbücher über Themen, die mich interessieren.
Die Evolution ist zum Beispiel ein Lieblingsthema von mir.
Darüber lese ich viele Bücher. Da erklären mir Wissenschaftler
die Welt, wie ich es nie könnte. Diese Bücher lese ich am liebsten
auf dem Sofa mit einer Tasse Tee oder im Bett. Wenn ich
danach einschlafe und wieder aufwache, habe ich oft gleich
eine neue Geschichte geträumt.

(2) Markiere die Antworten im Text mit verschiedenen Farben.
Welche Bücher liest Martin Baltscheit am liebsten?
Was ist ein Lieblingsthema?
Wo liest Martin Baltscheit gern?

(3) Was liest du am liebsten? Kreuze an und ergänze.

☐ Fantasiegeschichten   ☐ Comics   ☐ Sachbücher

☐ Bilderbücher   ☐ Krimis   ☐ Fußballgeschichten

☐ Pferdebücher   ☐ _____

(4) Zeichne Martin Baltscheit beim Lesen oder zeichne dich
an dem Platz, an dem du gern liest.

(5) Lies im **Jo-Jo-Lesebuch** die Seiten 164 und 165.

Zu Jo-Jo-Lesebuch 3, Kapitel 14, Seite 164/165:
einen Ausschnitt aus einem Interview lesen, Textstellen zu Fragen markieren,
eigene Lesevorlieben- und Gewohnheiten reflektieren

61

Das ist aber total mein Buch!

Bücher-Profis suchen Bücher, die zu ihnen passen.
Sie untersuchen mehrere Bücher genau.

(1) Betrachte die Bilder.
Kreuze an, welche Bücher dich interessieren.

1 ☐   **2** ☐   **3** ☐   **4** ☐

(2) Lies die Klappentexte. Nummeriere, zu welchem Buch sie gehören.
Markiere die Wörter, die dir die Lösung verraten haben.

Zugegeben, Campingurlaub mit Oma und Opa ist nicht gerade das Coolste. Doch erst als Anton entdeckt, dass es keinen Swimmingpool gibt, sondern nur einen See, werden diese Ferien zur echten Katastrophe ... ☐

Kinder besitzen schon im Grundschulalter eigene Handys und Smartphones. Auch wenn sie diese intuitiv bedienen oder sich mit Freunden austauschen, brauchen sie ein Grundwissen als Rüstzeug. Das Buch erklärt, wie die Geräte funktionieren, welche Sicherheitseinstellungen es zu beachten gilt und was man keinesfalls tun sollte. ☐

Gespannt klettern sie die lange Strickleiter nach oben. Was für ein toller Ausblick! Doch plötzlich beginnt sich das Baumhaus zu drehen. Schneller und schneller! Dann ist alles still. Aber Philipp und Anne sind nicht mehr da, wo sie vorher waren. Sie sind im Tal der Dinosaurier ... Komm mit auf die Reise im magischen Baumhaus! ☐

Woher kommen Papas Bauchnabelflusen? Ist Pipi immer gelb? Und wieso ist mir schlecht, wenn ich aufgeregt bin? Diese und weitere spannende Kinderfragen lassen sich am schönsten in einer richtigen Geschichte beantworten. Im neuen Band dreht sich alles rund um unseren Körper. ☐

Zu Jo-Jo-Lesebuch 3, Kapitel 14, Seite 169–171:
Buchcoverabbildungen betrachten und bewerten, Klappentexte lesen und
durch Nummerieren zuordnen, Schlüsselwörter markieren

Bücher auswählen – Texte bewerten

(1) Wähle **drei Bücher** aus und kreuze sie an.
Lies dazu jeweils die Seiten im **Jo-Jo-Lesebuch.**

1 Lese-buch Seiten 122–124

2 Lese-buch Seite 135

3 Lese-buch Seiten 146–147

4 Lese-buch Seiten 138–139

5 Lese-buch Seiten 10–11

6 Lese-buch Seite 120

7 Lese-buch Seiten 152–153

8 Lese-buch Seiten 98–99

(2) Wie haben dir die drei Texte aus Aufgabe 1 gefallen?
Fülle dazu die Tabelle aus und kreuze an.

Titel des Buches	☺	😐	☹

(3) Lies einen der Texte aus dem **Jo-Jo-Lesebuch** mehrmals.

(4) Kreuze an. Schreibe in die Lücken.

☐ Ich habe den Text _____ Mal allein gelesen.

☐ Ich habe den Text vorgelesen. Zuhörer: _____

So gut kann ich den Text nun lesen: ☐ 🟢 ☐ 🟠 ☐ 🔴

Zu Jo-Jo-Lesebuch 3, Kapitel 14, Seite 169–171:
Kinderbuchtexte zu Buchcoverabbildungen auswählen und bewerten, wiederholtes Lesen,
Selbsteinschätzung

Quer durch das Leseheft

(1) Lies und finde die Antworten in diesem Heft. Kreuze an.

1. Herr Ziege heißt auch
☐ Flock. ☐ Bock. ☐ Stock.

2. Welche zwei Namen stehen
für denselben Baum?
☐ Tanne und Kastanie
☐ Lärche und Kiefer
☐ Kiefer und Föhre

3. Wie weit springen die Samen des
Springkrauts?
☐ bis über die Bäume
☐ etwa 30 bis 70 cm
☐ bis zu drei Meter

4. Was war die Schmatzinsel in
Wirklichkeit?
☐ eine fleischfressende Pflanze
☐ eine einsame Insel
☐ eine Schatzinsel

5. Im Kapitel „Winterkälte" sitzt
der Pinguin
☐ im Pelzmantel auf einer Eisscholle.
☐ mit Mütze im geschmückten Nest.
☐ neben dem Christkind.

6. Auf Seite 31 fehlen die Gesichter
von
☐ Papas Papa und Mamas Papa.
☐ Papas Mama und Mamas Papa.
☐ Mamas Mama und Papas Papa.

7. Was sagt Luischen?
☐ Du siehst aus wie ein Kamel.
☐ Du siehst aus wie ein Pinguin.
☐ Du siehst aus wie ein Affe.

8. Welcher Schmetterling fehlt auf
der Seite 36?
☐ Gelbe Tigermotte
☐ Schornsteinfeger
☐ Rostbraunes Ochsenauge

9. Heuschnupfen ist
☐ eine Erkältung.
☐ der Name für eine Allergie.
☐ das Trocknen von Gras.

10. Auf Seite 44 kämpfen
☐ Zunge und Nase.
☐ Mund und Ohr.
☐ Augen und Nase.

11. Warum wird Marko in die Sendung
„Little Star" eingeladen?
☐ Er kann besonders gut singen.
☐ Eine Zeitung hat über ihn berichtet.
☐ Er liebt Babykram.

12. Welches Land liegt in
Westdeutschland?
☐ Sachsen ☐ Bayern ☐ Thüringen

13. Auf Seite 57 hat ein Mann
☐ einen Rasenmäher.
☐ einen Handstaubsauger.
☐ einen Gartenschlauch.

14. Martin Baltscheit liest gern
☐ im Sessel mit einer Kanne Kaffee.
☐ im Bett mit einem Becher Tee.
☐ auf dem Sofa mit einer Tasse Tee.

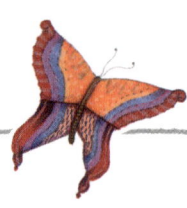